이기는
리더십
10

이기는 리더십

10

**내게 맞는
10가지 리더십을
겸비하라!**

새로운 시대는 늘 새로운 프레임을 원한다.
변혁의 시기에는 변화를 선도하는 리더가 승리한다.

이동연 지음

Winning Leader SHIP

평단

Contents

Chapter 3
**의사소통
리더십**

Chapter 4
**실행
리더십**

이 시대에 주목받는 리더십은 따로 있다

누구나 리더가 될 수 있는 이 시대에도 주목받는 리더십은 따로 있다. 일반적으로 한 집단을 통솔하는 사람을 리더라 일컫지만, 이 시대에 필요한 리더는 형식적 지위를 떠나 주류의 흐름을 뒤바꿀 수 있는 비형식적인 영향력을 갖춘 사람들이다.

어느 시대든 리더의 성공 여부는 유효하고 적절한 영향력의 행사와 비례한다. 정보의 비대칭성이 심했던 과거와 달리, 대중과 정보를 공유해야 하는 지금의 리더에게 무엇보다 중요한 것은 대중과의 소통능력이다. 이 시대에는 과거의 수직적 리더십이 크게 약해졌다. 따라서 리더와 조직원 간에 서로 역할만 다를 뿐이라는 인식하에 수평적인 관계로 협력하며 즐겁게 일하는 수평적 리더십이 요구된다.

수직적 질서가 지배적인 사회에서의 영향력은 공식적 지위와 형식적 직함에 크게 좌우되어왔다. 과거의 리더들은 자신이 원하는 방향으로 사람들을 헌신하도록 만드는 것을 리더의 가장 큰 능력으로 여겼다.

하지만 열린 사회에서 리더에게 무엇보다 중요한 것은 추종자들의 자발성을 이끌어내는 것이다. 역사적으로 칭송받는 리더들은 이 같은 리더십을 발휘했던 인물들이다. 그와 달리 리더가 개인적으로는 성공했지만 역사적 불명예를 안은 경우는 하나같이, 대중을 통치와 훈육의 대상으로만 삼았다는 특징이 있다.

이처럼 역사의 평가와 개인적 성공은 엄연히 다르다. 위대한 리더는 개인적인 승리와 역사적인 호평을 함께 받는다. 루스벨트, 링컨, 간디, 처칠, 만델라 등을 보라. 그들의 리더십은 지금에 와서도 여전히 유효하게 적용되고 있다. 반면, 개인의 야망을 성취했던 리더들은 그 시대 안에 갇힌 리더십만을 구사했다.

이 책에서는 우리 기억에 비교적 깊게 각인된 리더들의 리더십을 그 형태에 따라 열 가지로 분류하였다. 비전 리더십, 신뢰 리더십, 의사소통 리더십, 실행 리더십, 임파워먼트 리더십, 갈

등 조정 능력을 갖춘 통합의 리더십, 조직의 역량을 높이는 리더십, 제대로 된 이슈를 선점하는 핵심 파악 리더십, 개인 감정이 아니라 콘텐츠를 볼 줄 아는 서번트 리더십, 대안을 제시하는 솔루션 리더십 등이다.

그리고 오랜 인류 역사 속에서 부침을 거듭한 수많은 리더들의 리더십을 위의 열 가지 기준으로 파악했다. 이 책은 문화체육관광부 우수 교양도서로 선정된 필자의 《승자 리더십》을 개정한 것이다. 《승자 리더십》이 그동안 리더십 교재와 필독서로 많은 독자들의 관심을 받았지만 출간한 지 8년 남짓 세월이 흘러 시대에 맞는 내용으로 보완할 필요성이 제기되었다. 그 결과물이 바로 이 책이다.

우리가 박근혜 정권에서 경험한 대로 리더십 부재는 곧 리더의 부재를 야기한다. 이 책에서 말한 열 가지 리더십을 어느 한 리더가 모두 다 갖출 수는 없다. 위대한 리더라고 해서 모든 면에서 완벽한 사람이 아니기 때문이다. 리더라도 개인적인 약점과 한계를 갖고 있다. 하지만 그 한계와 약점을 극복해 나가면서 인간에 대한 애정과 동시에 더 큰 조직의 미래를 위한 개인의 단련을 통해 위대한 리더십을 갖추게 되는 것이다. '평범함 속에 비범함이 있다'는 말처럼 리더라고 해서 하늘이 내린 특별한 존재가 아니다.

성공한 리더들이 구사한 리더십을 들여다보면서 타산지석(他山之石)으로 삼는다면 당신도 위대한 리더가 될 수 있다. 부디 이 책이 위대한 리더를 분별하고 또한 탄생시키는 요람이 되기를 바란다.

2017년 5월

이동연

Winning
Leadership

어떤
비전인가

– 비전 리더십

비전은 희망의 다른 이름이며 가장 먼저 자신에게 일할 의욕을 준다.
비전이 넘치는 사람은 오늘보다도 내일의 시대를 보며 용기를 낸다.

리더가 가져야 할 열 가지 리더십 중 첫 번째는 비전 리더십이다. 세상에 가장 초라한 말은 비전 없는 리더, 비전 없는 조직, 비전 없는 사람이라는 말이다.

"당신이 배를 만들려면 벌목공을 모아 나무를 베게 하고 목수에게 일감을 나눠주는 식으로 하지 마라. 그 대신 사람들에게 저 넓고 끝없는 바다를 동경하게 하라."

《어린 왕자》를 저술한 생텍쥐페리의 말이다. 리더라면 사람들의 동경을 불러일으켜야 한다. 흑인해방운동가 마틴 루터 킹은 이런 꿈을 꾸었다.

"내게는 꿈이 있습니다. 모든 사람이 평등하게 태어났다는 자명한 진리를 모두가 실천하는 날이 오리라는 꿈입니다."

반면에 히틀러는 다음과 같이 독일인들을 선동했다.

"나를 따르라. 가장 우수한 게르만 민족이 세계를 지배하는 것은 당연하다."

히틀러는 유대인을 질병처럼 여기며 섬멸 의도를 내비쳤다. 이런 선동으로 대중의 이성을 마비시켜 권력을 쟁취한 뒤 제2차 세계대전을 일으켰다. 조직의 미래는 리더의 꿈이 인류보편의 가치와 연결되어 있느냐, 리더의 이기심을 대중의 욕망인 것처럼 포장하고 있느냐에 따라 결정된다. 비전은 존재의 이유이며 가야 할 방향을 가리키는 나침반이다. 리더의 중요한 책무 중 하나가 조직에 비전을 제시하는 일이다. 구성원들에게 조직의 현 상태를 딛고 서서, 앞으로 어떤 모습으로, 어떻게 되어야 하는지를 몸소 보여주며 이끌어간다.

비전을 제시할 때의 기준은 네 가지이다. 비전은 희망을 향해 달려가게 하는 동기부여 역할을 한다. 따라서 스마트하고, 담대하게 그리고 영감이 넘치면서 간결해야 한다. 비전의 설득력은 얼마나 동기부여를 스마트하게 하느냐에 달려 있다. 거칠고 조잡하고 위압적인 비전 제시는 비전에 대한 혐오감을 심어준다. 리더가 내놓은 비전에 대해 구성원들이 한두 번 실망하면 그 뒤로는 어떤 비전을 내놓아도 형식적인 관심만 보일 뿐 진지하게 호응하지 않는다.

그래서 리더는 정원사처럼 비전을 제시해야 한다. 정원사는 향기 가득하고 환한 꽃망울이 가득한 정원을 꿈꾸며 꽃을 돌본다. 그런 마음으로 리더도 비전을 제시해야 한다. 스마트한 비전은 희망의 담대함으로 이어진다. 추상적이고 정리되지 않은 비전은 미몽에 빠진 스토리와 같다. 그런 비전을 내놓은 리더 또한 자신감을 잃는다. 구체적이며 측정 가능하고 현실에서 달성 가능한 비전이라야 한다. 현명한 비전의 마지막 기준은 현실 변혁이다. 리더는 변혁적인 비전 제시를 통해 구성원의 욕구에 긍정적으로 반응하고 그들을 고양시켜야 한다.

스마트한 동기부여

런던의 한 호텔 방에서 유례없는 내부 공사가 이루어졌다. 오직 한 사람을 위해 거울이 비추는 벽에 흰 장막을 치고 조명등을 설치했다. 거울을 보는 이의 얼굴 외에는 아무것도 보이지 않도록.

이 이야기는 마리 앙투아네트(Marie Antoinette, 1755~1793)가 즐겨 사용한 베르사유 궁전의 '거울의 방'을 연상하게 하는데, 실제로는 21

베르사유 궁전의 거울의 방

프랑스대혁명을 그린 들라크루아의 〈민중을 이끄는 자유의 여신〉

세기 한국의 박근혜 전 대통령이 영국을 방문했을 때의 일이다.

세상 모든 리더는 두 가지 파워, 즉 하드 파워와 소프트 파워를 가지고 있다. 이 두 가지 파워를 적절하게 행사할 때 리더십이 제대로 작동한다. 권위적 리더일수록 하드 파워에 몰두한다. 하드 파워란 보상, 승진, 채용, 해고 등 리더가 행사할 수 있는 유형의 힘이며, 소프트 파워는 리더의 매력적 성품, 탁월한 비전 제시, 설득력, 조직의 분위기 등 무형의 힘이다.

국가 차원에서는 경제력과 군사력의 합이 하드 파워이고, 문화와 아이디어의 합이 소프트 파워이다. 마하트마 간디(Mohandas K. Gandhi, 1869~1948)가 소프트 파워로 대영제국을 물리쳤다면, 부시(George W. Bush) 전 미국 대통령은 주로 하드 파워에 의지해 세계를 경영하려다가 여러 가지 난관에 부딪쳤다. 리더는 소프트 파워가 결여될수록 하드 파워 중심의 리더십을 사용하고자 한다. 그럴 때 '최순실 국정 농단 사태'처럼 비선 실세가 공적 라인을 압도하는 현상이 나타난다.

리더가 공과 사를 구분하지 못하면, 국가뿐 아니라, 기업, 시민단체, 종교 등 어느 곳에서나 비슷한 현상이 빈번하게 일어난다. 프랑스 루이 14세의 경우도 그렇다. 그는 '짐이 곧 국가'라는 확신으로 중상주의(重商主義) 정책을 펴면서 국부를 축적하고 강력한 군대와 관료 제도를 확립했다. 태양왕이라 불리며 72년간 절대군주로 군림하는 동안 프랑스도 크게 발전했으나 그 혜택이 백성에게까지 골고루 미치지 못했다. 더욱이 무리한 전쟁으로 국가 재정이 크게 악화되었다. 권력의 상징으로 베르사유 궁전을 무리하게 건축했는데 그곳에서 루이 16세가 태어났다. 루이 16세의 왕비가 마리아 테레지아의 딸, 마리 앙투아네트이다. 루이 16세는 루이 14세 때부터 고질화된 재정 문제를 해결하기 위해 귀족에 대한 과세를 관철해야 했다. 하지만 귀족 과세 대신 시민, 농민, 노동자들이 포함된 제3신분의 조세부담만 늘리고 말았다.

결국 1789년 프랑스대혁명이 일어나 루이 16세와 왕비 마리 앙투아네트는 단두대에서 처형당했다. 민중에 대해 오만한 앙시앵 레짐(Ancient Regime : 구체제)의 모순을 고치지 못한 결과였다.

말을 타고 세상을 얻을 수는 있으나 말 위에서 세상을 다스릴 수는 없다. 하드 파워로 유지되는 상징적 집단이 폭력 집단이라면 소프트 파워로 유지되는 상징적 모임은 시민 단체이다. 스마트한 리더는 이 두 가지 파워를 적절하게 구사한다. 힘으로 세상의 권력을 잡은 리더라도 권력을 유지하려면 민심을 얻어야 한다.

2016년 가을부터 2017년 초반까지 서울 광화문광장에서 220여년 전 프랑스의 콩코드광장에 일어났던 혁명이 재현되었다. 박근혜 정부가 일방적으로 개성공단 철수, 역사교과서 국정화, 문화계 인사 블랙리스트, 공안 통치 등을 통해 박정희 시대의 앙시앵 레짐을 부활시키려다가 광화문광장의 촛불 앞에 무릎을 꿇었다.

하드 파워 통치는 스트롱 맨들의 주요 특징이다. 협상 전에 엄포를 놓는 상징적 액션을 취하고 자기 뜻대로 안될 때 복수를 한다. 스트롱 맨의 전형인 트럼프(Donald Trump)의 대중적 인지도가 높아진 것은 TV쇼 '어프렌티스'에 출연하면서부터이다. 이 프로그램에서 트럼프가 유행시킨 대사가 "You are fired(당신 해고야)!"이다.

이 대사가 대중에게 자연스럽게 수용된 것은 강압적 수단을 사용하는 트럼프의 성향과 어울렸기 때문이다. 하지만 트럼프는 부시(George W. Bush)를 반면교사로 삼아야 한다. 부시가 허위 정보를 근거로 이라크전쟁 등을 일으키며 강경 외교 노선을 추구했고, 결국 임기 말인 2008년 대공황 이후 최악의 경제위기인 글로벌 금융위기 속에 무려 10% 가까이 치솟은 실업률 속에서 임기를 마쳤기 때문이다.

그 뒤를 이은 스마트 파워의 리더 오바마(Barack Obama)는 8년간 미국 경제를 살려놓았고 실업률도 완전고용 수준인 4.7%까지 낮추었다. 스마트한 리더십은 물리적 힘과 심리적 영향력을 적절히 안배한다. 그래야 조직원에게 동기부여가 잘된다. 달리 말해 스마트한 동기부여 기술을 가진 리더가 조직을 활성화시킨다.

잭 웰치(Jack Welch)는 쓰러져가는 제너럴 일렉트릭(General Electric, GE)의 리더가 되자마자 구조 조정을 단행하며 하드 파워 경영을 시작했다. 그러나 점차 조직의 가장 큰 경쟁력이 바로 사원의 학습 능력임을 깨닫고 소프트 파워 경영을 지향한다. 직원 전체의 아이디어를 공유하는 문화를 조성하기 위해 아이디어를 낸 사람을 보상하는 시스템을 만들어 사기를 북돋아주었다.

사람은 무슨 일을 하든 그 일을 하고자 하는 동기가 확실해야 일을 즐겁게 완수한다. 동기는 '의욕이 솟는 이유'이다. 동기부여란 일할 이욕을 부추기며 일할 이유에 대한 확신이라 말할 수 있다. 업무에 대한 동기만 제대로 부여된다면 굳이 리더가 지켜보지 않아도 구성원들이 업무를 스스로 알아서 해낸다. 스스로 동기부여를 잘하는 사람이 원하는 일을 더 잘해내는 것이다. 우등생이 되고자 하는 의욕이 있는 학생이 열심히 공부하고 고소득을 올리겠다는 의욕을 가진 사람이 더 열심히 일한다. 그러나 개인이 아니라 조직의 경우, 조직의 리더가 최상의 동기부여자가 되어야만 한다.

그렇다고 의욕만 가지고는 크게 성공할 수 없다. 일을 해야 하는 이유는 존재의 가치이며, 의욕은 존재의 형식이다. 의욕으로 어떤 일을 시작할 수는 있으나 그 일을 해내야 할 이유가 불분명할 때 작심삼일(作心三日)로 그치기 쉽다. 공부를 해야 할 이유를 알지 못한 채 의욕만 넘치는 학생이나, 어떤 과제가 주어졌을 때 그 일을 해야 하는 이유도 모르고 의욕만으로 열심히 일하는 사람들은 중도에 하차할 확률이 높다.

스마트한 동기부여 제시 방법

• 사명(mission)
조직원들에게 조직의 가치와 미래의 희망을 심어주며, 자부심을 갖게 한다.

• 일정 관리(agenda control)
조직원들의 자발적 동기는 지혜로운 일정 관리에 있다. 즉, 각자 좋아하는 프로젝트를 할 수 있고, 업무 프로세스 방식을 결정할 자유를 가지며, 과정보다 결과를 강조할 때 자발적 동기를 갖게 된다.

• 본성(nature)
동기부여는 인간의 내부에서 나온다. 리더는 인간의 본성을 파악하고, 특히 조직원들이 행동하는 이유를 잘 알고 있어야 한다. 리더가 조직원의 심리를 이해하는 만큼 그에게 필요한 동기유발 요인을 알 수 있다. 직원의 본성(nature)에 맞춰 리드(lead, 양육)하라.

• 배분(share)
조직원들의 주인의식은 '업무의 보람'과 '성과의 공유'에 달려 있다. 성과에 대한 측정 가능한 보상이야말로 직원들의 업무 의욕을 확실히 높여준다.

• 팀워크(team work)
팀워크는 '팀의 동기유발 저해요소'를 제거할 때 발생한다. 리더가 업무의 전반적인 흐름을 저해하는 요소를 제거하면 시너지 효과가 나타난다. 활발한 팀워크를 유지하는 리더는 자신의 역할을 정원사, 코치, 보조자, 교향악단의 지휘자로 인식한다.

의욕은 열정을 불러일으키지만 오랜 기간 지속하거나 시련을 이겨낼 만한 지속적인 용기는 합리적 이유에서 나온다. 어떤 일을 해야 할 이유가 분명하고, 일의 난이도가 높을지라도 해내려는 의욕이 넘칠 때 최상의 효과를 낼 수 있다.

단지 일을 해서 성과를 내라고 다그치는 리더는 좋은 리더가 아니다. 의욕은 누군가가 다그치고 종용한다고 해서 생겨나는 것이 아니기 때문이다. 옹달샘처럼 마르지 않는 의욕은 의욕을 가져야 할 이유가 뒷받침 되어야 한다. 다시 말해 이유는 존재의 가치이며 존재자가 만들어나가는 문화이다.

물론 스마트한 리더도 업무 의욕을 높이기 위한 수단으로 당근과 채찍을 함께 사용한다. 그런 경우에도 그 일을 왜 지속해야 하는지 설명하고 일이 매끄럽게 진행되지 않을 때 다른 방식을 찾을지라도 꼭 그 일을 해내야만 하는 이유를 충분히 설명해야 한다.

현대의 혁신이 일치보다 불일치에서 나오는 경우가 많기 때문에, 같은 조직에 몸담고 있는 사람들이라 하여 똑같은 의욕을 요구하는 것은 어리석은 일이다. 그 대신 리더는 각자에게 냉철한 이성으로 조직의 이유와 업무의 가치를 인식하도록 도와야 한다.

담대한 희망을 말하라

사람은 의욕이 있어야 일을 하고, 일하는 이유를 알아야 끈기 있게 그것을 수행한다. 성공적인 리더십을 구사하는 리더는 일할 의욕을 고취시키는 이유를 명쾌하게 제시하는 스마트한 동기부여 기술을 가지고 있다. 개인의 미래도 그 개인이 어떤 비전을 가졌느냐에 따라 달라진다. 하물며 조직의 미래는 더 말할 나위가 없다. 조직의 현재와 미래를 연결하는 다리가 비전이다.

'하늘을 날겠다는 비전'을 가진 라이트 형제는 비행기를 만들었고, '밝은 빛에 대한 비전'으로 토머스 에디슨은 전구를 발명했다. '모든 사람의 책상 위에 컴퓨터를 올려놓겠다는 비전'이 있었던 빌 게이츠는 마이크로소프트사를 만들었다

회사나 단체, 어느 조직이든 출발선에서는 그럴듯한 비전을 내세운다. 그런데 그 비전들이 대개 비슷하다. 그렇게 만든 비전은 시간이 흐르면서 아무도 거들떠보지 않는다. 구색 갖추기, 보여주기용 비전은 없느니만 못 하다. 조직의 진정성만 의심받기 때문이다. 누구에게나 좋게 들리는 특색 없는 생색내기식 비전은 담대한 희망을 불러일으키지 못한다.

자기 조직만의 차별화된 가치를 내놓아야 수많은 경쟁 조직 가운데서 성공할 수 있다. 조직이 외부환경에서 보상의 최대치를 추구한다면 조직 내 구성원은 조직에 자신이 참여함으로써 보상의 최대치를 기대한다. 리더가 할 일은 그런 기대감에 부응하는 담대하고 차별화된 비전을 제시하는 것이다. 그래야 구성원들이 신명나게 일을 한다.

미국 역사상 232년 만에 흑인으로서는 첫 번째로 대통령이 된 오바마가 리더가 되기 전부터 일관되게 던진 화두가 '담대한 희망(The audacity of hope)'이다. 그중 일부를 소개한다.

바락 오바마(Barack Obama)

"우리의 아이들을 밤에 편히 재울 수 있고,

우리 생각을 아무 위험 없이 말하고 쓸 수 있으며,

좋은 아이디어가 있으면 뇌물 없이도 사업할 수 있으며,

어떤 정치적 활동을 해도 보복의 공포가 없고, 연줄 아닌 능력으로 평가받는 사회.

이토록 단순한 꿈들에 대한 확신이 바로 미국의 정신입니다.

우리는 경제의 힘을 〈포춘〉 선정 500대 기업의 이익이나 억만장자의 숫자로 평가하지 않고

웨이트리스가 실직하지 않은 채 아픈 아이를 돌볼 수 있는 휴가가 가능한지로 평가하려 합니다."

최고의 골퍼 타이거 우즈는 오바마의 '담대한 희망'을 듣고 미국이 어디를 향해 가야 하는지 알게 되었다고 한다. 성공적인 리더십을 구사하는 리더는 일할 의욕을 고취시키는 이유를 명쾌하게 제시하여 스마트하게 동기를 부여한다. 스탠퍼드대학교의 제임스 마치(James March) 교수에 따르면 스마트한 리더에게는 배관

공과 시인의 두 가지 자질이 있다고 한다. 시인은 미지의 세계를 바라보는 영감을 주지만, 배관공은 막힌 파이프라인을 뚫어 원활하게 소통시켜준다. 바로 그것이다. 리더가 제안하는 업무를 수행해야 하는 이유 속에 결정체로서의 희망이 담겨 있어야 한다. 희망의 목소리는 가냘프고 추상적인 것이 아니라 담대하고 구체적으로 표출되어야 한다.

남아프리카공화국을 여행하는 사람들은 프리토리아 역에서 블루 트레인을 타고 가며 수천 마리 홍학이 날아오르는 모습을 보며 넬슨 만델라(Nelson Mandela, 1918~2013)를 떠올린다.

넬슨 만델라(Nelson Mandela)

만델라는 27년간의 투옥 생활을 마친 뒤, 아프리카민족회의(ANC)의 의장에 선출되자 백인 대통령 델 클레이크를 만났다. 만델라는 악명 높은 인종분리주의 정책(apartheid)에 종지부를 찍고, 인종을 초월한 주요 세력들과 연합해 흑백 포용적인 새로운 사회를 열었다. 그 뒤에도 만델라는 계속 백인 정권과 긴장과 협조를 병행하며 평화로운 사회로 이행하려는 노력을 기울였다. 그 과정에서 흑인과 백인, 양 집단으로부터 반발도 있었다. 그러나 만델라는 더 이상 차별받지 않는 사회라는 자신의 비전을 담대하게 밀고 나갔다. 그는 차츰 고난 받는 자의 상징이 되었고 노벨평화상을 받았으며, 1994년 대통령에 당선되었다.

리더가 내놓은 비전을 듣고 구성원들도 자신들이 어떤 비전을 가져야 할지 공감할 수 있다면 그 비전은 힘을 얻는다. 리더의 희망이 허황되지 않고, 함께 만들어가야 할 이유가 충분하다고 판단될 때 사람들은 기꺼이 리더를 따르게 된다. 오바마가 대통령 후보 시절 사회적 격차를 해소하겠다는 대담한 희망을 내놓았을 때, 그것은 전통적으로 공화당과 민주당의 당파싸움에 묻혀온 빈부격차의 이슈화를 갈망하던 평범한 미국인들의 욕구와 맞아떨어졌다.

기득권이 아닌 미국인 대다수는 명실상부하게 미국이 파란 국가(blue state)와 빨간 국가(red state)를 넘어선 합중국이 되기를 원한다. 흑인, 백인, 아시아, 원주민, 히스패닉(스페인계와 인디언계 혼혈)을 가리지 않고 기회 균등의 국가를 열망했다. 이런 변화를 향한 대중의 열망을 오바마가 읽었던 것이다.

오바마 자신도 평소에 그런 열망이 있었기 때문에 그가 비전을 제시할 때 쇼로 비치지 않고 그의 진정성이 대중에게 전달될 수 있었다. 많은 리더들이 대중의 열망을 읽는 것까지는 성공한다. 그러나 비전을 구체화시켜 제안하는 데서 실패한다. 이유는 한 가지이다. 자신의 열망이 아니라, 대중에게 선택받기 위한 포장용으로 급조했기 때문이다. 더구나 사농공상(士農工商)이라는 계급 질서의 영향을 받은 한국의 경우 정도가 더욱 심했다. 리더들도 개개인의 구체적 실상을 파악하려 하기보다 거대 담론으로 포장하는 데 노력과 심혈을 기울였다. 그럴듯한 공약은 잘 내놓지만 구체적인 대안 제시는 제대로 이루어지지 않았다. 그런 상황에서도 리더가 자신의 역할을 할 수 있었던 것은 '우리'라는 단어 속에 '자기'를 드러내지 않는 것을 미덕으로 여겼던 분위기 덕분이었다.

그러나 대중은 이제 구체적이고 실행 가능한 대안 제시를 원한다. 오바마가 대선 당시 '희망과 변화(Hope and Change)'라는 멋진 구호를 내세웠지만 과연 무엇을 희망하며 어떻게 변화할 것인가를 제시하지 않았다면 정치적 수사에 그쳤을 것이다. 평범한 사람의 일상적 경험을 소재로 비전을 구체화할 때 실현 가능성이 커진다. 오바마는 그 비전을 대부분 성취했다. 2008년 세계적 경제 위기 속에서 임기를 시작한 그는 재임 8년 동안 일자리를 1,540만 개나 늘렸고 10%가량이었던 실업률을 4.7%로 떨어뜨려 완전고용에 근접했다. 미국 경제가 오바마 재임과 함께 30년 만에 최고의 호황을 구가한 것이다.

과거 봉건시대를 거쳐, 그 유산이 남아 있던 이승만, 박정희, 전두환 등 권위주의 시대에는 리더가 조직의 외형적 안정만 관리하면 그런 대로 버틸 수 있었다. 그러나 이제는 다르다. 미국 정치학자 립셋(Seymour Martin Lipset)의 언급대로 민주주의란 갈등과 콘센서스를 두 기둥으로 삼고 있기 때문에 리더 역시 조직의 갈등과 통합의 변증법을 만들어낼 줄 알아야 한다. 리더에게 필요한 것이 조직을 둘러싸고 있는 다양한 현상의 본질을 꿰뚫는 통찰력이다.

담대한 비전이란 그런 통찰력에서 나온다.

비전 제시는 간결하고 명쾌하게 하라

리더는 일할 의욕과 의미를 제공하며, 담대한 희망을 이야기하는 사람이다. 그는 늘 자신이 전할 메시지를 '간결하고 명쾌하게 (Simple and Clear)' 다듬어 반복적인 커뮤니케이션을 해야 한다. 그렇게 할 때 구성원들의 목표가 한곳으로 집중된다. 리더가 해야 할 최고의 업무가 조직에 신바람을 불어넣는 일이다. 다른 일을 아무리 잘해도 이 일에 실패하는 리더는 조직을 망가뜨린다. 이직률이 높은 조직을 보면 음모와 야합과 뒷담화가 판을 친다. 나라가 이런 분위기일 때 이민을 가려는 사람이 많아진다.

반대로 다른 능력이 조금 부족해도 조직을 춤추게 하는 리더가 조직의 성과를 창출해낸다. 역량이 비슷한 조직인데도 리더들마다 다른 성과를 내는 것도 그 때문이다.

과연 어떤 조직이 신명이 날까? 가장 먼저 조직 앞에 선 리더가 조직이 어디로 가는지 알고 있고, 구성원들도 알고 있을 때 조직의 행복도가 상승한다. 리더가 사익을 추구하고 표리부동하면 조직의 분위기가 음울해진다. 뭔가 의심쩍어하고 음모가 가득한 분위기로는 조직이 성공했다 해도 그 열매가 달콤할 수 없다. 설령 조직이 난관에 처해도 조직 전체가 투명하고 확고한 비전을 공유한다면 구성원들은 큰 보람을 느끼며 고난을 충분히 이겨낸다.

조직의 비전이 리더만의 것인가. 그런 조직에서는 리더 혼자만 뛰어야 한다. 리더가 전 직원이 가슴 설렐 만한 담대한 희망을 내놓을 때 모두가 그 방향으로 매진하는 것이다. 리더 혼자만의 꿈은 백일몽으로 끝나지만, 구성원 전체가 꾸는 꿈은 현실이 된다. 따라서 리더의 주요 일과는 현재를 기반으로 미래의 비전을 구상하는 데 투자되어야 한다.

비전이란 조직의 방향과 도달 가능한 최대한의 목표를 진술해 놓은 것이다. 제대로 된 비전은 죽어가는 조직도 살리지만, 허황되고 잘못된 비전은 생생한 조직도 죽인다. 살아 있는 비전을 통해 조직의 기운을 살리는 조직의 분위기 메이커가 리더이다.

리더가 진정성이 없을 때 조직 전체가 복지부동하게 된다. 능력과 인성이 반비례하는 리더일수록 곡학아세(曲學阿世, 바른 길에서 벗어난 학문으로 세상 사람에게 아첨함)를 잘하는데, 예를 들어 이런 식이다. 일단 표어나 규정들을 공정해 보이도록 만든다. 하지만 단서 조항 등을 만들어 자신에게만 유리한 장치를 끼워 넣는다. 신언서판(身言書判, 인물을 선택하는 데 표준으로 삼던 조건. 곧 신수, 말씨, 문필, 판단력의 네 가지)을 중시하는 동양 문화권에는 곡학아세에 능한 리더들이 많다. 그들은 상대의 신분에 따라 이중적 태도를 취한다. 진정성 있는 리더들은 상대의 신분에 따라서가 아니라 상대 그 자체를 자연스럽게 대한다.

마크 저커버그, 빌 게이츠, 스티브 잡스, 에릭 슈미트 등이 그러하다. 빌 게이츠는 주머니에 손을 넣은 채 박근혜와 이명박 두 전 대통령을 만났다. 우리가 보기에 큰 결례이지만 빌 게이츠는 두 대통령뿐 아니라 프랑스 사르코지 대통령 등 외국 정상들을 만날 때도 그랬다. 평소 자유분방한 모습 그대로 누구나 똑같이 대하는 것이다.

그러나 빌 게이츠가 김대중 전 대통령을 만날 때는 달랐다. 허리를 굽히고 두 손으로 대통령의 손을 잡았다. 빌 게이츠가 독불장군이라서가 아니라 억지로 타인의 비위를 맞추려고 교언영색(巧言令色, 아첨하는 말과 알랑거리는 태도)은 하지 않기 때문이다. 그런 리더십을 가졌기 때문에 인류의 삶에 변화와 혁신을 가져오겠다는 꿈을 꾼 것이다. 빌 게이츠는 개인용 컴퓨터(Personal Computer, PC)라는 개념조차 정립되지 않았던 시절, 집집마다 PC를 보급하겠다는 희망을 가지고 함께 그 꿈을 이루어갈 핵심 인재를 확보했고, 그들이 몰입하도록 비전 실행의 전 과정을 공유했다. 그러면서도 단기간의 성공에 자만하지 않도록 위기감을 조성하고 새로운 도전과제와 혁신방안을 추구했다.

교언영색하는 리더, 곡학아세하는 리더, 그런 위선의 리더십으로는 구성원들의 목표를 결코 통합할 수 없다. 리더가 억지로 누르면 겉으로는 하나가 된 것처럼 보여도 속은 중구난방이다. 조직의 규모와 관계없이 구성원 모두를 한 방향으로 결집시키는 리더십을 지닌 리더가 위대하다.

"여러분, 저는 당신들의 뺨에서 눈물을 깨끗이 닦아주렵니다."

인도의 초대 총리인 자와할랄 네루(Jawaharlal Nehru)의 간결하고 명확한 비전이다. 이 쉽고 명확한 비전으로 인도 전체가 하나가 되었다. 그 덕분에 네루는 물론 그의 딸까지 인도의 총리가 된다.

사회주의 성향인 네루는 계급투쟁 의식을 가지고 있었다. "정치는 국민의 눈물을 닦아주는 것이다."라고 말한 그는 간디와 함께 인도 민주주의의 역사 그 자체가 되었으며, 지금도 인도인들의 무한한 애정을 받고 있다.

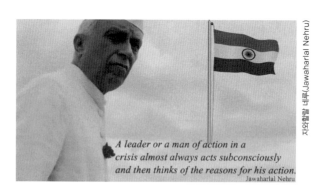

A leader or a man of action in a crisis almost always acts subconsciously and then thinks of the reasons for his action.
Jawaharlal Nehru

자와할랄 네루(Jawaharlal Nehru)

아무리 공감되는 비전이라도 사람들에게 각인되려면 짧고 생생한 문장(일곱 단어 내외)이어야 한다. 사람들은 장황하거나 복잡한 메시지를 제대로 이해하지 못할 뿐만 아니라 쉽게 잊어버린다. 삼성그룹의 회장 이건희는 명확한 비전을 제시하는 리더였다. 막연히 '참고 기다리면 좋은 세상이 온다.'는 식이 아니라, 구체적으로 높은 성과를 올린 인재들에게는 거액의 인센티브를 준다거나, 지구촌 어디에 가도 한 가족이라는 명확한 자부심을 심어주었다.

링컨은 목소리가 허스키했으나 간결하고 핵심을 찌르는 그의 연설은 국민들에게 정겹게 들렸다. 그가 제시한 비전은 결코 쉬운 것은 아니었다. 노예해방과 연방제 유지처럼 현실적으로는 서로 모순되는 정책이었다. 그러나 링컨은 이루어냈다. 강력한 리더십을 구사한 리더들에게는 한결같은 특징이 있다. 그들은 간결하고 명확한 비전 제시를 통해 조직 내에 신바람을 일으켰다. 대중의 상상력을 얼마나 자극하느냐에 따라 리더십의 힘이 결정된다.

그 비전이 역사적으로 옳고 그른가는 두 번째 문제이다. 조직이 달성해야 할 목표가 비전인데, 달성하지도 못할 그럴듯한 추상적 목표로 신바람을 일으키는 사람이 대중 선동형 리더이다. 그들이 내놓는 비전은 매우 매혹적이다. 추상적이고 매혹적인 비전이 불안 심리를 달래주고 감정을 자극하며 환상을 심어준다. 사이비 종교 지도자들이 주어와 목적어가 적고 동사 중심의 화법을 쓰는 것도 그런 이유이다. 모호한 비전, 구체성이 떨어지는 비전은 듣는 사람들이 각자 자기 방식대로 해석한다.

히틀러의 선전 참모인 괴벨스는 이렇게 말했다.

"대중은 거짓말을 처음 들을 때는 부정하지만, 명쾌하게 만들어 자꾸 반복하면 누구나 믿는다."

지난 세기 수많은 리더들이 미혹의 언어로 세계를 지배해왔다. 그러나 모든 정보가 공개되고, 비교 분석이 가능한 현대에는 구체적인 비전과 실현 가능한 대안을 제시하는 리더십이 필요하다. 그런 리더십을 갖추려면 우선 설득 대상의 관심사를 사실과 경험에 비추어 객관성 있는 대안으로 만들고, 그렇게 만든 이슈를 정치적 역학 관계를 고려하여 경쟁적 대안을 무력화시키면서 설득 대상자에게 제시해야 한다.

리더가 대중에게 얼마나 진정성 있는 인물로 인식되었느냐도 리더의 역할을 수행하는 데 중요한 요소이다. 리더가 새 비전을 내놓고 공유하기까지는 많은 노력이 필요하다. 최소한 열 번 이상은 비전을 주고받아야 비로소 공유가 시작된다. 그래서 잭 웰치는 "어떤 아이디어든 열 번 이상 이야기하지 않으면 한 번도 이야기하지 않은 것과 같다."고 지적하면서 리더들에게 이렇게 강조했다.

"조직의 핵심가치를 적어도 700번 이상 반복해 말해야 한다. 나도 지난 몇 년 동안 신물이 날 만큼 온갖 모임에서 그것을 강조하고 또 강조했다. 지나치게 강조해 강박증이라고 비쳐질 정도였다."

문화를 대하는 네 가지 태도

리더는 늘 조직의 문화를 이해하고, 그 문화가 목적 수행에 부응하도록 변화를 유도해야 한다. 리더들이 문화에 보이는 태도는 문화와 대립하는 리더(leader against culture), 문화에 순응하는 리더(leader of culture), 문화 변혁적 리더(leader, the transformer of culture) 등 세 가지가 있다. 문화에 대립하는 리더는 자신이 맡게 된 조직의 전통과 관습을 거부하고 배척하려 한다.

부시 전 미국 대통령은 문화 대립적 리더의 행태를 보였다. 미국 정가(政街)는 부시 전 정권을 'ABC(anything but clinton) 정권'이라고 평가한다. 부시는 대통령으로 취임하면서, 특히 클린턴 8년 정책 중 대북 정책을 부정하는 것으로 국정을 시작했다. 하지만 북핵 사태는 결국 더 악화되었다.

부시가 클린턴의 정책을 크게 반대한 이유는 두 가지로 추측된다. 첫 번째는 엘 고어를 힘겹게 누르고 당선되었고, 두 번째는 미국에서 초장기 호황을 구가한 클린턴의 약점을 비판해야 국정을 주도할 수 있다고 판단했기 때문이다. 탁월한 업적을 세우면서도 유약해 보이는 외교정책과 성 추문 등 공격의 빌미를 준 클린턴을 부시는 침소봉대했으나 정작 자신은 미리 막을 수도 있었던 9·11테러를 당하고 말았다. 부시는 클린턴과는 다른 외교정책과 경제정책을 편다고 주장하다가 서브프라임 모기지론(subprime mortgage loan) 사태로 전 세계를 고통 속으로 몰아넣었다.

부시와 같은 문화 대립적 리더와 정반대인 리더가 문화 순응형 리더이다. 이들은 기존 제도를 최대한 유지하고 기존 정서에 기대어 안일한 나날을 보내려 한다.

대한민국 역대 대통령 가운데 가장 문화 순응형이라 평가받는 노태우 전 대통령은 '물태우'라는 별명으로 불렸다. 이 별명이 상징하듯 그는 자유방임형 리더십을 보였다.

노태우 대통령선거 포스터

이 같은 리더십이 1987년 12월, 16년 만에 치러진 대통령 직접 선거에서 36.6퍼센트의 낮은 득표에서 기인했다고 볼 수는 없으며, 보다 직접적인 그 이유는 노 전 대통령의 스타일에서 찾아야 할 것이다.

그는 경제정책 등의 권한과 책임을 모두 위임하였고, 정책이 표류하는 경우, 책임을 전가하며 상황에 소극적으로 대응하는 모습을 보였다. 그 결과 6공화국이 88올림픽 등의 호재로 경제적으로 한 단계 도약할 수 있는 절호의 기회를 충분히 살리지 못했고, 한국 경제가 전반적으로 하강곡선을 그리는 계기가 되었다. 이 시기에는 공무원의 무사안일과 복지부동, 인기 영합적 정책결정이 두드러졌다.

문화 변혁적 리더는 기존 관습이나 제도를 배척하거나 무조건 따라야 할 것으로 보지 않고, 현재의 세계 속에서 변혁을 시도한다. 이들은 현재의 문화에 대해 긍정과 부정을 공유한다. 가급적 긍정적인 정책이나 제도는 지속하면서도, 불합리한 제도나 비효율적 습관은 새롭게 대체하려 한다.

이때 리더십은 어디에서 시작되는가? 변화에서 리더십은 표출된다. 이 때문에 새로운 리더들은 항상 기존의 틀을 전면 개편하려는 유혹을 받는다. 완벽한 새판짜기를 완성해 일신의 면모를 보여주며 무언가를 혁신한 영웅으로 등장하기를 원한다. 그런 시도는 혁명 상황에서나 가능하다. 그래서 개혁이 혁명보다 어렵다고 하는 것이다. 혁명은 전반적으로 전복이 가능하나, 개혁은 연속성과 불연속성을 반복할 수밖에 없다.

변혁적 리더는 단번에 새 역사를 창조하여 리더의 위업을 쌓으려 하지는 않는다. 이들은 리더의 위대한 업적이 아니라 조직의 위대한 업적, 즉 국가 같으면 '위대한 국민', 팀 같으면 '위대한 팀원'을 만들려 한다. 나아가 변혁적 리더는 집단적 성취를 소중하게 여긴다. 변화가 시작되는 지점에서 리더십의 진가가 나타난다.

억압의 시대는 물리력으로도 변화가 가능했으나, 민주적인 사회에서는 사람들의 강력한 욕구가 일어나야 변화가 시작된다. 모두가 공감하는 변화를 잘 이끌어내는 리더십에는 다음과 같은 특징이 있다. 사람들의 욕구(want)를 읽고, 하나의 가치(value)로 취합하여 조직의 생동적 필요(need)로 전환한다. 리더십 학자인 존 가드너(J. W. Gardner)는 "민주주의란 리더가 난제를 탁월하게 해결하는 것으로서가 아니라, 국민들이 평범한 일상의 문제를 탁월하게 해결함으로써 번창한다."고 지적했다.

철학이 있는 리더십 – 인카네이션이냐, 겸애냐

우리에게는 조선시대의 영향으로 아직 한양 중심의 사고가 남아 있다. 우리나라에서 최고의 간판을 지닌 리더는 누구일까. 아시아에서 두 번째이자 한국 최초로 UN 사무총장을 지낸 반기문을 빼놓을 수 없다. 학벌과 공직 경력 등 어느 것 하나 누구에게도 뒤지지 않는다. 바로 그것 때문에 2017년 한국에 리더십 공백이 생겼을 때 단숨에 유력 대선후보가 되었다. 조선시대 한양에서 고관대

작을 지내고 귀향하면 대감 대우를 받던 풍속처럼, 한국에서 세계의 리더를 10년씩이나 역임한 반기문에 대한 기대가 클 수밖에 없었다.

그런데 아뿔싸! "소문난 잔치에 먹을 것 없다."는 속담처럼, 귀국 후 반기문의 초반 행보에 '반기문 신화'가 무너지기 시작했다. 청년실업에 대해 조선대학교 학생들에게 했던 말을 보면 그의 시대를 보는 눈이 뚜렷하게 드러난다.

"스피릿이 중요하다. 젊어서 고생은 사서한다는 말도 있다. 시야를 밖으로 돌려 글로벌 스탠더드로 세계 어디든 다녀보고 자원봉사라도 나가서 어려운 일도 해보고……."

정치인이라면 일자리를 찾지 못해 힘든 시간을 보내고 있는 개인들을 탓하기 전에 구조적 모순을 파악하고 개선할 방안을 모색해야 한다. 언어는 세계관이다. 공개적으로 반복하여 던지는 메시지와 사전 준비 없이 불쑥 내뱉는 말을 종합하면 그 사람의 인품과 철학을 충분히 파악할 수 있다. 항상 양지에서만 살던 사람도 국가의 리더가 되려면 음지에서 허덕이는 더 많은 사람들을 껴안아야 한다. 서민을 대하는 방식을 보면 그 리더의 철학이 드러난다.

리더의 철학 가운데 하나는 인카네이션(incarnation : 육화) 철학이다. 인카네이션(incarnation)이란 신이 인간을 구원하려고 인간의 몸으로 태어났다는 뜻인데 다시 말하면 신이 인간과 눈높이를 맞춘다는 의미로 볼 수 있다. 고귀한 존재인 신이 모든 것을 내려놓고, 낮고 천한 존재들을 보살피려고 내려온다는 뜻이다.

이런 철학을 가진 사람이 지도자가 되면 조직 곳곳에 칸막이를

쳐 소통은 단절되고 조직의 주요 일과가 의전(儀典)에 치중된다. 사실 그런 지도자일수록 다루기가 쉽다. 그들은 내용보다는 태도에 치중한다. 옷차림, 말투, 자세 등 절차에 예민하기 때문에 업무 수행을 깊이 있게 들여다보지 못한다. 따라서 영악한 팔로워가 항상 '형님 먼저'라는 식으로 리더를 떠받들어주고 공손하게 대해주기만 하면 자신도 모르게 팔로워에게 관리당하고 만다.

다음이 겸애(兼愛) 철학이다. 겸은 '똑같다'는 뜻이다. 겸애 철학을 주장한 묵자(墨子)는 "귀족도 사치풍조를 버리고 직접 노동"하라고 설파했다. 리더도 혼자 금줄을 치고 살지 말고, 서민과 똑같이 살라는 의미이다. 겸애가 그저 따뜻하고 자상한 모양으로 그친다면 아가페적인 사랑만을 외쳐대는 종교에 지나지 않는다. 행동하고 실천하되 특히 물질적인 이익을 주어야 한다. 그런 리더가 호찌민(Ho Chi Minh, 胡志明, 1890~1969)이었다.

호찌민은 베트남이 프랑스의 지배를 받던 1908년 명문가의 아들로 태어나 공직 생활을 하다가 그만두고 독립운동에 투신했다. 제2차 세계대전을 일으킨 일본군이 1940년 베트남을 점령하자 게릴라 부대를 조직해 저항운동에 나서 1945년 독립을 이끈다. 그러나 프랑스 군대가 질서회복을 명분으로 다시 진주하여 호찌민의 베트남군과 8년전쟁을 벌이다 결국 격퇴당한다.

1955년 인도차이나 반도를 중시한 미국이 베트남의 공산주의 정권을 용인할 수 없다는 판단에 따라 남베트남에 고딘디엠(Ngo Dinh Diem) 정권을 세우며 북베트남 정권과 내전을 벌인다. 고딘디엠 정권의 부정부패로 인해 민중봉기가 이어지자 미국은 남베트남의 민주주의를 수호한다는 명분으로 베트남전에 개입한다. 이 전투에 참가한 미국 병사만 100만 명이 넘었고 쏟아부은 폭탄의 양이 제1, 2차 세계대전과 한국전쟁을 합친 것보다 많았다.

베트남 지역 대부분을 잿더미로 만들고도 미군은 호찌민의 반정부군에게 두 손을 들었다. 고딘디엠 정권의 정치인들이 전쟁기밀이나 물자를 팔아먹는 등 극도로 부패한 데다가 베트남 국민이 호찌민을 사랑했기 때문이다. 호찌민은 세계 최강국 프랑스와 일본에 이어 미국과 전쟁을 치르며 베트남을 외세로부터 해방시켰다. 아시아의 이름 없는 약소국이 세계 최강의 세 나라를 이긴 것은 인류 역사에서는 거의 유일무이한 일이다.

호찌민(Ho Chi Minh, 胡志明)

호찌민은 통일 베트남의 초대 주석이 된 뒤에도 주석궁이 아니라 오두막에 거처하길 좋아했다. 또한 주석이라는 호칭보다 '호 아저씨'로 불리길 원했다. 호찌민의 리더십은 겸애의 철학에서 나왔다. 이에 비해 반기문의 리더십은 인카네이션 철학에서 나왔다고 볼 수 있다. 그는 청년들에게 용기를 준다며 한옥 체험에 대해서도 언급했다.

"나도 좋은 호텔에서 지내다가 요즘 화장실이 하나 밖에 없는 온돌방에서 직원들과 같이 자고 있다. 세계 인류와 고통을 한번 나눠 보겠다는 정신이 필요하다."

호찌민에게 호화로운 주석궁이 불편했다면 반기문은 호텔이 아닌 온돌방이 불편했던 모양이다. 그는 귀국 후 대권 후보 지지율 1위였다가 10% 초반으로 급락하며 끝내 21일 만에 불출마를 선언하고 말았다. 한국의 정치 지형에 대한 이해, 등락을 거듭하는 지지율에 연연하지 않고 대선가도를 끝까지 완주하려는 투지가 부족했지만, 무엇보다 중요한 중도 하차의 원인은 대권을 향한 철학의 부재라고 볼 수밖에 없다.

반기문의 행보는 전임 사무총장 코피 아난(Kofi Annan)과 비교되곤 한다. 그는 2003년 미국이 이라크를 침공할 당시 유엔의 승인이 없었기 때문에 불법이라고 맹비난을 퍼부어 부시 대통령을 곤경에 빠뜨렸다. 이후 부시 행정부가 원하는 UN 사무총장은 카리스마와 원칙을 지닌 코피 아난 같은 인물이 아니라 반기문과 같은 친미적 인물이었다.

미국의 외교 전문지 〈포린폴리시(foreign policy)〉는 "반기문이 유달리 강대국에 약했고, 지난 10년 동안 국제적인 갈등도 제대로 해소하지 못해 UN의 위상을 크게 격하시켰다."고 비판했다. 또한 〈이너시티프레스(Inner City Press)〉의 UN 출입기자 매슈 러셀 리

(Matthew Russell Lee)는 반기문의 행보가 '대통령 출마를 위한 것'라고 분석했다.

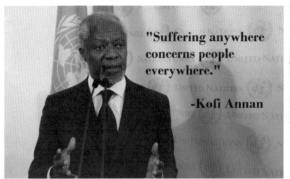

코피 아난 전 UN 사무총장(Kofi Annan)

그에 비해 코피 아난은 재임 중이나 퇴임 뒤에도 대선 출마를 위한 어떤 정치적 행보도 취하지 않았다. 그럼에도 조국 가나에서 대통령 후보로 거론되며 지지율이 80%가 넘었고, 대선 출마를 강력히 권유 받았다. 그래도 코피 아난은 한 나라의 리더가 되기를 거절하고 세계의 리더로 인류를 섬기는 길을 택했다.

영감(inspiration)을 주고 변혁을 이끈다

리더는 구성원들에게 영적 감흥(inspiration)을 일으키는 존재이다. 영성(spirit)이란 누가 주는 것도, 지식처럼 전수받을 수 있는 것도 아니다. 개인의 무의식에서 불꽃처럼 어느 순간 반짝이는 지혜이다. 조직의 분위기가 억압적일수록 무의식 속의 영감은 움츠려들고, 개방적인 분위기에서는 영감이 의식의 수면 위로 솟아오른다.

4차 산업혁명이 기존 질서를 뒤엎고 있다. 전통적으로 블루칼라, 화이트칼라로 분류된 인재 분야에, 학력의 장벽을 깬 뉴칼라(new-collar)가 등장했다. 스위스 다보스에서 열리는 세계경제포럼(WEF)의 공동의장인 멕 휘트먼(Meg Whitman)은 "우리는 과거로 돌아갈 수 없다. 4차 산업혁명으로 인공지능, 3D 프린터가 발전하고 있기 때문"이라면서 "기존의 고학력, 숙련 기술자와 관련 없는 뉴칼라 시대"가 이미 도래했음을 강조했다. 한마디로 핵심 분야의 일을 하는데 학벌이나 공식적인 전문가 타이틀이 별 의미가 없다는 것이다. 여기에 스피릿을 주는 리더의 중요성이 증가한다.

스피릿 리더십을 언급할 때 빼놓을 수 없는 인물이 덩샤오핑(鄧小平, 1904~1997)이다. 스피릿 리더는 일관성과 명확함이 있다. 그래야 조직이 안정적으로 목표에 매진할 수 있다. 강력한 리더 마오쩌둥(毛澤東, 1893~1976)이 '죽의 장막(Bamboo Curtain)'을 치고 통치하다가 1976년에 죽은 뒤 중국에 거대한 힘의 공백이 생겼다.

2년간 과두 체제를 거친 뒤, 1979년 덩샤오핑이 권력을 장악하여 현대 중국의 기반을 닦았다. 그는 극좌노선을 견지한 마오쩌둥과 달리 개혁과 개방을 추구하며 농업, 공업, 국방, 과학기술의 4대 현대화 노선을 천명했다. 그리고 1979년 1월, 1949년 중화인민민주주의공화국 수립 이후 중국 최고 지도자로서는 처음으로 미국을 방문하여 지미 카터 대통령을 만났다. 당시 공산당 지도자를 마귀라고 생각하던 미국인들 앞에서 카우보이 차림으로, 엘비스

프레슬리의 〈러브 미 텐더(Love Me Tender)〉를 열창했다.

미국에서 파격적 행보를 한 뒤 자본주의 실험을 위해 홍콩 맞은편 작은 어촌 선전(深圳)을 첫 경제특구로 지정했다. 선전은 대륙의 대 서방 전진기지로 크게 성공한다. 뒤이어 상하이, 광저우 등 동부 연안의 도시들도 성장하면서 중국 경제가 동반 성장하기 시작했다.

덩샤오핑은 쓰촨 성의 속어(俗語) 흑묘백묘론(黑猫白猫論:흰 고양이든 검은 고양이든 쥐만 잘 잡으면 되듯이, 자본주의든 공산주의든 인민을 잘 살게 하면 그것이 제일이라는 덩샤오핑의 논리)을 거론하며 소비에트연방이나 마오쩌둥의 대중 선동적 경제이론을 버리고 실용주의 노선을 택했다. 그는 정치는 공산주의, 경제는 자본주의라는 전략을 일관되게 추진했다. 이 같은 중국식 사회주의는 전대미문의 실험이었다. 전례 없는 상황에서도 많은 이민족으로 구성된 중국이 성장가도로 나아간 것은 덩샤오핑이라는 리더가 있었기 때문이다.

흔히 변신에 능한 정치인들이 덩샤오핑의 흑묘백묘론을 중도론이라는 이름으로 내세우며 자신의 행태를 합리화하는 경우가 허다하다. 그러나 덩샤오핑의 실용주의 노선에는 분명한 소신과 원칙이 있었다. 그의 실용주의는 정치체제는 공산주의를 유지하더라도 경제 분야만큼은 사회주의 기득권을 해체하여 지방분권적 경제운영 등, 기업가와 농민의 이윤을 보장하여 발전을 이끌어내는 것이었다. 한국의 정치 리더들이 기득권 강화를 목적으로 좌우 두 마리 토끼를 잡겠다며 내세우는 중도론과는 전혀 다르다.

덩샤오핑은 자신과 기득권층의 경제 권력을 시장에 내놓았다.

"왜 계획경제 하면 사회주의이고 시장경제 하면 자본주의인가. 둘 다 경제발전을 위한 하나의 방법에 불과하다."

어떤 식으로든 인민을 잘살게 하겠다는 신념 때문에 덩샤오핑은 문화혁명 때 큰 곤욕을 치렀다. 마오쩌둥은 1958년 대약진운동을 펼치며 노력 동원을 통한 획기적인 생산력 개선을 추구했다. 그런데 가뭄과 자원배분의 왜곡으로 300만 명이 굶어 죽는 대참사가 일어났다. 그때 덩샤오핑이 시장경제의 이윤동기를 도입해 생산력을 증대해야 한다는 흑묘백묘론을 주장했던 것이다.

그 뒤 덩샤오핑은 마오쩌둥의 견제를 받기 시작했다. 1966년 문화혁명이 일어나자 홍위병들이 대중을 선동해 반동분자들을 처형한다는 명목으로 전국적인 무차별 테러를 자행한다. 이때 덩샤오핑, 류사오치(劉少奇) 등도 정신개조의 명목으로 농촌으로 하방(下放)당했다.

당시 15세였던 시진핑(習近平) 현 주석도 산시 성(陝西省)으로 쫓겨났다. 덩샤오핑은 하방당한 5년 동안 똥지게를 졌다. 그는 매일 같은 시간에 바다에 나가 수영을 했는데 어떤 악천후라도 거르지 않았다. 이런 행동은 덩샤오핑의 일거수일투족을 감시하는 마오쩌둥과 4인방에게 그 어떤 빌미도 제공하지 않았다. 그는 이런 신중함과 일관성으로 사회주의 체제를 유지하면서 시장에 자본주의를 도입한 것이다.

조직의 영감을 활성화하는 데 리더의 신중하고 일관성 있는 태도보다 더 중요한 것은 없다. 오늘은 이런 정책, 내일은 저런 정책, 다음 날 또 다른 정책으로 리더가 혼선을 일으키면 조직도 갈팡질팡하다가 끝이 난다. 사회주의라는 큰 틀 안에서 자본주의의 거래 방식이라는 이질적인 영감을 주었던 덩샤오핑은 다음과 같은 유언을 남겼다.

"고별식도 하지 말고 간소하게 장례를 치러라. 조문소도 설치하지 말라. 각막은 기증하고 유해는 의학 실험용으로 제공하라. 나머지 시신을 화장하여 바다에 뿌려라(不搞遺体告別仪式, 不设灵堂, 解剖遺体, 留下角膜, 供医学硏究, 把骨灰撒入大海里)."

그는 자신이 추진한 화장 정책을 솔선수범하려 했다. 리더의 일관성이란 이런 것이다. 자신이 한 말을 자신에게도 적용시키는 것이다. 특권 타파를 외쳤으면 자신도 특권을 내려놓아야 한다. 그런 차원에서 신분차별 여론이 있는 국립묘지를 없애는 것도 한 방안이다. 진정한 흠모는 무덤이 아니라 가슴에서 나온다. 존경받은 리더라면 생을 마친 뒤 굳이 넓은 땅을 차지하지 않더라도 작은 거인 덩샤오핑처럼 백성의 마음을 차지한다. 멋진 리더로 화려하게 출발했으나 뒷모습이 추한 리더들보다 덩샤오핑처럼 리더

퇴임을 앞둔 오바마 전 미국 대통령 부부

가 되는 과정은 힘겨웠더라도 리더로서의 삶과 마무리가 아름다
워야 한다.

미국 43, 44대 대통령 오바마의 고별 연설을 듣고자 혹한에도
불구하고 무료입장권을 받으려고 새벽부터 사람들이 몰려들었
다. 오바마는 고별 연설에서 다음과 같이 말했다.

"우리가 눈을 마주치며 동의하든 반대하든, 논바닥과 공장과 학
교와 군사기지에서 여러분과 대화를 나누며 제가 정직해졌고 영
감을 받았습니다. 여러분이 저를 더 나은 대통령으로, 더 나은 사
람으로 만들었습니다."

오바마의 인간적 매력이 물씬 풍겨나는 감동적인 연설이었다.
그는 8년 전 금융위기와 이라크, 아프가니스탄전쟁 등 수많은 악
재 속에 취임했다. 임기 내내 다수당인 공화당이 발목을 잡았으나

건강보험 개혁, 금융위기 극복, 이란 핵협상 타결, 최저 실업률 등 많은 업적을 남겼다. 그의 역사적 퇴장을 아쉬워하는 사람들은 단지 미국인뿐이 아니었다. 프랑스, 영국 등 유럽 각국 언론들도 그가 아메리칸 드림을 변호한 리더였다고 호평했다. 오바마 8년의 치적 중 최고의 업적은 바로 '인간 오바마'였던 것이다.

Winning
Leadership

리더와
조직 사이에
믿음이 있는가

- 신뢰 리더십

주변에서 발생하는 사건들을 지배할 수 있어야 훌륭한 리더이다.
만일 상황이 리더를 지배하게 놓아둔다면 부하들의
신뢰를 잃을 것이고 리더로서의 존재 가치도 잃는다. - 몽고메리 장군

신뢰, 리더와 추종자를 결합하는 정서상의 접착제. - 워런 베니스

리더십의 행사는 리더와 구성원 사이의 다양한 파이프라인, 즉 성과 보상, 인사, 상벌 등을 통해서 이루어진다. 이 같은 여러 라인들이 잘 작동하고 있음에도 위기를 만나는 조직들이 있다. 이들의 공통점은 한 가지. 리더와 구성원 사이의 신뢰 붕괴이다. 리더와 조직원을 연결하는 파이프라인이 핏줄이라면 신뢰는 피와 같다. 신뢰라는 따스한 피가 흘러야 조직이 활기를 띤다. 리더와 구성원의 상호불신이 짙은 조직의 미래는 자멸이 예정되어 있다.

조직의 관점에서 리더의 자리란 '조직을 위해 선정된 자리'이다. 따라서 리더에 대한 신뢰는 조직을 위한 성과가 있어야 시작되고, 그래야 리더의 자질이 있다고 믿는다. 리더는 조직과 주변에서 발생하는 상황을 장악할 수 있어야 한다. 상황을 통제한다는 것은 리더가 상황을 독재적으로 만들고 개편한다는 말이 아니다. 상황 독재가 아니라 상황의 명석한 파악을 통해 조직의 성과를 만들어내고, 상황을 조절할 수 있어야 한다는 의미이다. 이 지점에서부터 리더에 대한 신뢰가 시작된다.

그렇다고 지나치게 실용주의에 집착해 수단과 방법을 가리지 않거나, 특권을 남용하면서까지 실용성에 집착하면 인격적 신뢰를 얻지 못한다. 인격적 신뢰가 없다면 남는 것은 조직 내부의 전략적 야합이다. 리더가 역량과 인격, 두 가지 면에서 신뢰받는 조직이 오랫동안 살아남는다. 리더가 이처럼 신뢰를 얻기 위해서는 가시적 성과와 조직원들의 공감을 함께 얻어야 한다.

조직원들에 대한 공감은 리더가 '최대 다수의 최대 행복'이라는 공리주의적 가치관을 가지고 평소의 약속을 준수하고, 조직원들을 믿어주는 태도에서 형성된다. 리더가 조직원들을 신뢰해야 조직원들도 리더를 신뢰한다. 특히 리더는 조직원의 잘못이나 실수를 발견했을 때, 잘못과 실수라는 행위에만 국한해야 하고 사람 자체를 부정하거나 부인해서는 안 된다. 사람에 대한 평가의 객관성을 상실하면 자칫 조직 전체가 깊은 불신에 빠질 수 있다. 잘못이나 실수의 관점에서 사람을 보지 말고, 우선 그 사람 자체를 먼저 인정한 다음에 문제를 보고 평가하는 수순이 중요하다.

리더의 포용력과 흡인력도 결국은 리더의 가치관에서 비롯된다. 그 가치관이 행동으로 표현될 때만 의미가 있다. 언행이 일치하는 리더가 신뢰받는다. 지키지도 못할 약속을 남발하거나 행동과 맞지 않는 말을 하는 리더를 믿을 사람은 아무도 없다.

조직의 리더에게 강력한 권한을 부여하는 이유가 무엇일까. 일본 출신의 역사 저술가 시오노 나나미는 이렇게 대답했다.

"언제 찾아올지 모를 소낙비에 대비해 미리 우산을 준비하라고……."

그들이 떠난 지 반세기가 훌쩍 넘는 세월에도 잊을 수 없는 이름들이 있다. 제2차 세계대전 당시, 독일의 에르빈 롬멜(Erwin Johannes Eugen Rommel, 1891~1944), 미국의 조지 패튼(George Patton, 1885~1945), 영국의 버나드 몽고메리(Bernard Montgomery, 1887~1976)가 그들이다.

이들은 서로 다른 나라의 장군들이었다. 미국의 패튼, 영국의 몽고메리가 연합군이 되어 '사막의 여우' 롬멜과 치열하게 싸웠다. 롬멜이 연합군과 싸운 것은 히틀러에 대한 충성심보다는 조

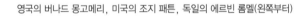

영국의 버나드 몽고메리, 미국의 조지 패튼, 독일의 에르빈 롬멜(왼쪽부터)

국 독일에 대한 애국심 때문이었다. 롬멜과 패튼 그리고 몽고메리는 적군의 수장으로, 패튼과 몽고메리는 동맹군이지만 라이벌 관계였다. 그러나 세 리더 모두 자신의 부대원들에게 더할 나위 없이 신뢰받는 장군들이었다. 그들의 부대원들은 "우리의 리더와 함께한다면 무엇이든 성취해낼 수 있다."라는 믿음이 충만했다. 세 사람 모두 각기 뛰어난 전략가이면서, 독특한 개성으로, 자신만의 고유한 리더십을 발휘하며 인류 전쟁사에서 최고의 리더로서 자취를 남겼다.

사막의 여우 롬멜은 전광석화(電光石火)처럼 몰아치는 속도전을 중시했다. 그는 과감하게 적의 의표를 찌르는 전술을 펼쳤다. 위기 상황의 리더에게는 두 가지가 필요하다. 조직원과의 끈끈한 연대감과 과감한 결단력. 롬멜은 이 두 가지를 모두 갖췄다. 그는 공격 지점이 보인다 싶으면 최대한 역량을 집중해 공략한 뒤 병력을 빼낸 다음, 그 병력을 무기와 병력 수에서 절대 우세인 연합군의 집중 공격으로 취약해진 다른 방어선으로 재빠르게 복귀시켰다. 번갯불처럼 공수 교대를 재빠르게 진행하는 롬멜군과 전투를 치르며 적국인 영국군들도 잘 싸웠다는 말을 할 때 "롬멜처럼 싸웠다."라고 표현할 정도였다.

패튼은 방어에는 관심이 없었다. 휘발유가 남아 있는 한 전진하라는 저돌적인 공격형 리더였다. 진주로 꾸민 권총을 차고 엄격한 규율을 강조하며, 거친 욕설과 함께 고함치듯 명령했으나 부하들로부터 존경받았다. 전차의 연료가 떨어지면 적의 탱크에서라도 연료를 뽑아 넣으라고 명령했다. 그는 대담한 발상으로 오직 진격을 외치며, 적의 거점을 중점 공략할 때, 병사들 뒤에서 지시하기보다는 앞장서서 끌고 갔다. 진흙탕에 빠진 군용 트럭을 병사들과 함께 끌어내고, 길가에 멈춰선 탱크를 직접 수리하기도 했다. 전선의 병사들에 대한 애정이 각별했는데 의복과 침대, 식량 상태를 세세히 살폈다. 그는 전형적인 현장 중심의 리더였다.

몽고메리는 패튼과 달랐다. 언제나 신중하고 완벽한 전략을 구사했다. 철저히 물자를 비축하면서 수비 중심의 진지전을 펼쳤다. 적에 비해 압도적 물량을 확보한 다음에 공격에 나섰다. 그는 느긋하게 지구전(持久戰)을 즐길 줄 알았다. 롬멜이 공격해와도 일단 현 전선을 사수만 하도록 명령했다. 그리고 적의 물자가 소진되기만을 기다렸다. 이런 몽고메리와 전투적인 패튼 사이에 의견충돌이 많았다. 거기에 경쟁 심리까지 작동해 둘 사이에는 늘 냉기가 흘렀다.

1943년 7월, 연합국은 이탈리아 본토 공략을 앞두고 먼저 시칠리아 섬을 확보해야 했다. 작전명 '허스키'. 몽고메리의 영국 제8군과 패튼의 미국 제7군이 각각 공군과 해군의 엄호를 받으며 시칠리아 동남쪽 해안과 중남부 해안에 상륙한다. 그 뒤 팔레르모(Palermo)를 먼저 점령하려고 치열한 경쟁이 펼쳐진다. 몽고메리가 연합군 사령부에 패튼을 묶어두라고 했으나 패튼이 말을 들을 리 없었다. 패튼은 공군의 지원도 없이 곧 바로 진격해 독일의 괴링 사단을 물리치고 그곳을 먼저 점령했다.

롬멜이 지장(智將), 패튼이 맹장(猛將)이라면, 몽고메리는 덕장(德將)이었다. 《삼국지》의 덕장 관우, 지장 제갈공명, 용장 장비와 흡사했다. 롬멜, 패튼, 몽고메리가 함께 성공한 리더가 된 것만 보아도 리더십에 완벽한 정답은 없다. 그러나 분명한 것은 세 사람 모두 철저하게 상황을 통제할 능력은 가지고 있었다는 점이다.

상황통제란 일단 상황을 객관적으로 이해하고 그 상황이 어떠하든지 자신의 조직에 유리하게 만들어갈 수 있다는 뜻이다. 조직의 위기에 대해 잭 웰치는 이렇게 말했다.

"기업의 위기란 위기 그 자체가 아니다. 위기 앞에서 위기 극복의 백신을 개발하느냐 하지 못하느냐에 달려 있다."

조직의 위기는 위기 상황보다 안주 상황에서 비롯되는 경우가 더 많다. 바다 속 멍게를 보라. 자리 잡을 곳을 찾았다 싶으면 착 달라붙어, 자기 뇌를 먹어 없앤다. 멍게의 그런 습성은 평생 그곳에 붙어살면 더 이상 골치 아프게 생각할 필요가 없으니 뇌도 필요 없다고 여기는 것처럼 보인다.

우리 조직이 혹시 멍게 조직이 아닐까? 그렇다면 다른 리더로 교체해야 한다. 내 자신이 멍게는 아닌가? 그러면 새로운 도전 과제를 스스로 찾아내야 한다. 많은 리더들이 성공한 다음 자기 뇌를 먹어버린 멍게처럼 행동하다 결국 점증하는 상황 변동을 지배하지 못하고 그 상황에 잡아먹힌다. 상황을 지배하는 리더는 자기 조직 주변의 과거와 현재, 미래를 읽고, 조직원들의 욕구를 이해하는 상황 지능(contextual intelligence)이 언제나 탁월하다. 현대 리더십 이론에서도 성공하려는 모든 리더에게 특별한 덕목이 따로 없다. 단지 집단의 성장에 필수적인 정체성을 생성해내는 역량이 중시된다.

리더는 단순 관리자가 아니기 때문에 모든 리더에게 만병통치약처럼 처방을 내릴 수 있는 교과서적 리더십이라는 정답이 없다. 여기에 리더의 어려움이 있다. 그렇지 않다면 리더십 교재를 달달 외우기만 하면 될 텐데 말이다. 모든 사람이 일시에 공감할 절묘한 리더십은 세상에 존재하지 않는다. 사람마다 이해관계가 서로 다르고, 서로 다른 인지구조와 감정 체계를 가지고 있다.

따라서 개별 이해관계에 얽매이기보다는 전체가 나아가야 할 올바른 방향에 집중할 수 있어야 탁월한 리더십을 획득할 수 있다. 조직원의 행위가 전체의 이익에 상반될 때는 질책도 할 줄 알아야 한다. 아인슈타인(Albert Einstein, 1879~1955)에게 이스라엘의 대통령이 되어달라는 제안이 들어왔다. 그의 거절 사유 역시 과학자답다.

"그거야 간단해. 나는 리더가 되어서 사람들이 듣기 싫어하는 소리를 하고 싶지 않거든."

알베르트 아인슈타인(Albert Einstein)

관리자는 자재, 자본, 기술 등 물리적 자원을 주로 운용한다. 이와 달리 리더는 조직의 이념과 정서적 자원에 집중한다. 같은 여건에서도 업무 효율성을 탁월하게 높이는 관리자가 뛰어나듯, 탁월한 리더는 같은 조건에서도 조직원이 자기 일에 대한 자긍심과 희망을 갖도록 한다.

고대 중국인들은 황제를 하늘이 내려준 존재로 여겼다. 그러나 민주주의 시대에는 대중의 공감대가 리더의 카리스마를 만든다. 사람들은 상황을 지배하는 리더를 믿으며 그에게 카리스마를 부여한다.

2004년 미국 대통령선거에서 공화당이 민주당에 패배할 것이라는 예측이 나왔지만, 부시가 '도덕적 승리(moral victory)'라는 슬로건을 내세워 기독교 우파를 결집해 박빙의 승리를 거두었다. 당시 공화당 내부에서조차 '낙태, 동성애자권리, 줄기세포 지원 반대' 등 종교적 근본주의를 견지하면 민주당을 이길 수 없다고 하였다. 결국 그 예측이 2008년 대선에서 적중했다. 공화당 일각에서 당의 발목을 잡는 근본주의자들의 이슈를 포기하자 해도 맥케인 진영이 수용하지 않았다. 그 와중에 오바마가 낙태와 동성애자 결혼 지지선언을 하며 공화당을 경악시켰다. 이때부터 오바마의 개혁적 이미지가 카리스마를 발휘하기 시작했다.

카리스마는 하늘이 내려주는 것이 아니다. 리더가 대중적 이슈로 공감대를 형성할 때 획득되는 것이다. 이런 카리스마가 있어야 대중을 설득하며 상황을 조절해간다. 물론 어떤 리더도 상황 자체를 완벽하게 통제할 수는 없다. 상황을 지배하는 리더라는 말은 상황을 정확히 파악하고, 바람직하고 의도하는 방향으로 끌고 갈 지략이 있다는 의미이다.

믿음이 가는 리더, 공감하는 리더

"인간은 사회적 존재이다."

이 말은 인간 존재가 속한 특정 공동체의 문화적 전승과 사회적 실제와 깊이 연루되어 있다는 의미이다. 이런 전승과 실제를 보존하자는 것이 보수이고 새롭게 변화시키자는 쪽이 진보이다. 어떤 사회든 완벽한 구성체가 아니라 끊임없이 진화한다. 그렇지만 한 사회의 대다수 구성원들은 삶의 현실에 집중할 수밖에 없다. '인간이 어떻게 살아야 하느냐'와 '인간이 살아가는 방식'은 다르다.

이것이 공존 논리로서의 당위성(The reasonable)과 사익을 극대화하려는 개인들의 합리화(The rational)의 차이이다. 여기서 당위성과 현실성 사이에 간극이 발생한다. 그래서 리더는 '호랑이의 눈처럼 예리하되 소의 걸음처럼 신중한' 호시우보(虎視牛步)가 필요하다. 이상이 없는 현실주의가 조직을 정체시킨다면, 현실성이 없는 이상주의 때문에 조직이 혼돈에 빠진다.

조직의 수준은 조직원의 수준을 뛰어넘기 어렵다. 리더가 조직의 정서를 무시하면 증오의 대상이 되어 아무 일도 할 수 없다. 그래서 마키아벨리는 "군주가 일단 민중에게 미움을 받지 않아야 하며, 민중과 적대적이 될 경우 결국 버림받는다."고 했다. 군주가 민중의 충성을 받고자 한다면 민중을 토대로 삼아야 한다.

마하트마 간디도 인도인들의 공감을 사는 사건을 통해 카리스마적 존재가 되었다. 간디가 서른일곱 살 때, 남아프리카공화국의 트란스발(Transvaal) 정부는 자국에 사는 모든 인도인들에게 정부에 등록하고 지문이 찍힌 신분증을 가지고 다녀야 한다는 법안을 발표했다. 인도인들이 크게 술렁였다.

"우리가 개냐? 목에 개들이나 달고 다니는 이름표를 달라니. 우리가 죄인이냐? 지문을 찍으라니."

간디가 즉시 요하네스버그의 한 극장에서 반대 집회를 열었는데 순식간에 3천 명 이상이 모여들었다.

"여러분, 이 법안을 우리는 목숨 걸고 막아야 합니다. 이 법안에 반대하다가 경찰에 끌려가고 두들겨 맞을 수도 있습니다. 그래도 좋습니까? 그렇다면 오른손을 들고 맹세합시다!"

모인 사람들 모두가 손을 들어 맹세했다.

"좋습니다. 개처럼 사느니 차라리 감옥에 들어가겠습니다."

이 소식이 남아프리카 전역에 퍼졌다. 간디가 앞장서자 자발적으로 동참하는 인도인들이 걷잡을 수 없이 늘어났다. 이 운동이 '진리의 힘'이라는 뜻의 '사티아그라하(眞理把持)'이다. 간디를 비롯해 '사티아그라하'에 동참하는 사람들이 하나 둘 감옥에 갇히기 시작하더니 감옥은 어느덧 인도인들로 가득 찼다.

놀란 정부가 스머츠 장군을 보내 간디와 협상하도록 했다. 스머츠 장군이 "인도인들이 먼저 자발적으로 등록하면 이 법안을 폐기하겠다."고 제안한다. 간디도 항거의 목적이 법안을 없애는 데 있으므로 약속만 지킨다면 자신이 먼저 등록하겠다고 말했다. 감옥에서 나온 간디가 맨 먼저 등록했고 수많은 인도인들도 뒤따라 등록했다. 그러나 약속은 지켜지지 않았고 지문날인 법안만 통과되고 말았다. 이에 분노한 간디와 인도인들이 요하네스버그에 모여 자신들의 등록증을 불살랐고, 예전보다 훨씬 더 많은 인도인들이 감옥에 갇히게 되었다.

다시 감옥에 갇힌 간디는 데이비드 소로의 《시민 불복종》이라는 책을 읽고 큰 감명을 받고, 세 가지 원칙을 세웠다.

첫째, 권력을 즐겁게 하기보다 사람의 영혼을 즐겁게 한다.

둘째, 모든 사람은 악법에 항거할 권리를 가지고 있다.

셋째, 어떤 강력한 권력보다 각성한 한 사람의 힘이 더 크다는 것을 믿는다.

이런 원칙의 '사티아그라하' 운동 이후에 간디는 비폭력 저항운동의 상징이 되었다.

대중이 리더를 어떤 상징으로 보아주는 것, 그것이 곧 리더의 카리스마이다. 그래서 리더는 항상 조직원들이 자신을 어떤 상징으로 보고 있는지를 살펴야 한다.

간디는 그 사건을 계기로 진리를 향해 비폭력으로 저항하는 무욕의 성자라는 상징성을 획득했다. 간디에 대한 소식은 멀리 인도에까지 알려졌다. 간디가 인도로 돌아가기 위해 배를 탈 때, 스머츠 장군이 배웅 나와서 이렇게 말했다.

"성자가 남아프리카 해안을 떠나는구나. 영원히 돌아오지 않기를 바란다. 제발……."

모한다스 간디(Mohandas Gandhi)

간디처럼 리더가 공감 구축자(consensus builder)가 되면 자발적으로 충성하는 사람들이 몰려든다. 공감 리더십을 지닌 오바마도 대통령 당선인 시절 ABC방송의 여성 앵커 바버라 월터스와의 인터뷰에서 고민을 내비쳤다.

"리더에게 최악의 상황은 일반인들과 멀어지는 것이다. 나는 국민들의 힘든 일상의 맥박 위에 내 손을 계속 얹어놓고 싶다."

기업과 조직, 국가의 리더들은 구성원의 업무 의욕을 고취시키기 위해 가장 심혈을 기울인다. 그러나 어떻게 해야 구성원들이 자발적 동기부여를 받는지에 대해서는 잘 알지 못한다. 자발적인 참여에서 진정한 동기부여가 비롯된다. 무력이나 금력, 승진이나 해고 등의 위협을 통한 동기부여는 일시적일 뿐이다.

자발적 열정, 자발적 헌신, 자발적 동참은 참여나 내부에서 나오는 것이지 외부에서 강제한다고 되는 것이 아니다. 마찬가지로 리더들이 무조건 그럴싸한 정책을 발표하고 부르짖는다고 해서 대중적 카리스마가 생기지 않는다. 리더는 구성원의 마음을 움직이는 동기부여를 해야 하는데, 구체적 비전을 제시하며, 전체의 이익을 위해 간디처럼 솔선수범하는 희생적 자세가 필요하다. 리더의 그런 행위가 구성원들에게 명확하게 전달되면서 리더의 몸짓과 언동에 공감대를 불러일으키는 카리스마가 달라붙게 된다.

믿음이 가는 리더, 포용력이 있는 리더

공식 직함은 없으나 다른 사람에게 큰 영향력을 끼치는 사람들이 있다. 이들의 리더다운 모습과 삶이 주변 사람들에게 인정받는 것이다. 그러나 리더의 자리에 있으면서도 리더로서 아무 영향력도 가지지 못한 사람도 있다. 영향력 있는 리더에게는 형식적인 지위가 중요하지 않다. 이런 사람들은 리더라는 공식 직함을 벗어던지고 나서 더 힘 있는 리더십을 발휘하기도 한다. 영향력 있는 리더십은 하루아침에 이루어지지 않는다. 오랜 기간 그를 지켜보던 주위 사람들의 심리 속에 영향력 있는 리더십의 견고한 탑이 세워진다. 이런 사례의 긍정적 인물을 들자면 붓다, 마하트마 간디, 마더 테레사, 마틴 루터 킹 등이다.

대중의 심리는 묘하다. 위에서 예로 든 위인들처럼 성심과 선의로써 리더십을 쌓아올린 사람도 존중받으나 단기적으로는 술수로 사람들을 휘어잡을 수도 있다. 이란의 호메이니, 북한의 김일성은 사후에까지 막대한 영향력을 끼치고 있다. 러시아의 푸틴도 총리 시절 대통령을 능가하는 권력을 행사하다가 대통령이 되었다. 그렇기 때문에 역사의 승자라 해서 반드시 도덕적, 인격적으로 우월한 것도 아니고 심지어 능력이 더 뛰어났다고 평가해서도 안 된다.

어떤 리더도 한계가 있고 그 리더를 바라보는 대중의 분별력에도 한계가 있다. 이것이 인간이 만든 조직의 한계이다. 자기중심의 단일 대오만 형성한 리더들은 박정희 전 대통령처럼 출구가 막힌다. 절대 권력은 절대 부패한다. 현명한 리더는 자신의 욕망과 한계를 알고 이를 견제할 건전한 비판 세력을 용인한다. 이것이 롤스의 '합리적 다원주의(reasonable pluralism)'이다. 나름대로 '이것이 공익이다.'라고 내세우는 다양한 수준의 시민사회가 조직되고, 조직들이 내세우는 공적 이성으로 소통하여 중첩적 콘센서스를 만들어낸다. 물론 이것이 반드시 공익 창출로 이어진다고 볼 수는 없다. 사회 전체가 착시를 일으킬 수도 있으나, 개인의 신념도 사회적 의사소통을 통해서 얼마든지 새롭게 형성되기 때문에 중첩적 콘센서스의 경험이 쌓이다보면 착시의 정도가 감소한다.

무엇보다 민주적 리더라면 조직원들의 다양성을 조금도 침해하지 않으면서 일치를 이끌어낼 수 있다. 물론 독재적 리더십으로도 억압과 강요를 통해 총화단결을 유지할 수는 있다. 그런 리더는 시간이 갈수록 단결을 유지하기 위한 억압의 강도를 더 높이다가 자멸로 끝난다.

"리더는 누군가를 자기 사람으로 만들기 전에 자신이 먼저 그의 친구라는 확신을 심어주어야 한다."

미국 16대 대통령 링컨(Abraham Lincoln)의 말이다.

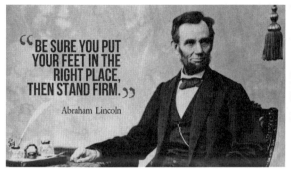

그는 변호사 시절 존 스튜어트, 스티븐 로건, 윌리엄 핸더슨 등 세 명의 동료와 일했다. 그는 동료 변호사들에게 변함없이 관대했다. 그들 중 마지막으로 함께 일한 변호사가 핸더슨인데, 링컨보다 학벌도 훨씬 좋았고 정치적으로 영향력이 컸으면서도 링컨을 숭배할 만큼 따랐다.

학교를 다니지 않은 링컨은 어릴 때부터 몸에 밴 서부 개척 시대의 습관을 그대로 가지고 있었다. 대통령이 된 뒤에도 그는 무례한 장난, 얄궂은 농담, 낙관적 습관 등을 보여주었다. 집에 돌아와서도 마룻바닥에 눕거나 다리를 책상 위에 높이 올린 채 책을 읽었다. 이 때문에 명문가 출신의 아내 메리 토드의 잔소리를 들었다. 링컨의 결혼생활은 톨스토이, 소크라테스만큼이나 불행했다. 그보다 링컨을 괴롭힌 것은 일생 동안 역사상 어느 리더들보다도 많았던 증오와 배신과 비난이었다.

그럼에도 링컨에게는 지도자다운 면모가 곳곳에서 드러났다. 대통령이 되기 전 10년간 변호사로 일하면서 그는 보수에는 무관심했다. 그의 관심은 정의를 세우는 것이었다. 이런 목적으로 혼자 책을 보며 법을 공부했다. 변호사가 된 뒤에는 불의를 없애는 데 자신의 법률적 지식을 사용하기 위해 가난한 이들에게는 아예 수임료도 받지 않았다. 의뢰인들조차 놀랄 만큼 너무 적은 액수를 받자 같이 일하던 동료 변호사들조차 항의했다.

"링컨, 자네의 청렴성 때문에 우리 모두 법원 거지가 될 걸세."

그뿐이 아니었다. 링컨은 조금이나마 번 돈마저도 가난한 사람들을 위해 내놓았다. 자신은 빛바랜 무명 양복을 입고, 머리에 법률 서류들과 편지를 담은 긴 모자를 쓴 채 낡은 우산을 늘 팔에 걸고 다녔다. 링컨처럼 시간이 흐를수록 명망과 덕을 갖춘 리더로 존경받을 수 있는가의 여부는 평소의 행실에 달려 있다.

레이건은 좋은 성품으로 성공한 대통령이다. 레이건 정부의 백악관 참모를 지낸 데이비드 거겐은 카터와 레이건을 이렇게 비교했다.

로널드 레이건(Ronald Reagan)

"지미 카터는 자기신뢰는 강했으나 타인은 믿지 못했다. 그러나 레이건은 자신과 타인에 대한 신뢰가 넘쳐흘렀다."

자신과 타인을 충분히 긍정하고 믿었던 레이건은 굳이 무리수를 두면서까지 타인의 인정을 얻기 위해 자기를 과시할 필요가 없었다. 긍정적 자존심으로 자기를 관리하는 리더가 리더로서의 행동할 수 있다. 이런 리더들은 인류의 보편적 가치와 조직의 요구를 조율하고 자신의 강점과 약점을 적합하게 만들어갈 줄을 안다. 긍정적 자존심을 가진 리더는 누가 보건 보지 않건 간에 리더로서의 삶을 자연스럽게 살 것이고 조직 구성원들에게도 긍정적 자존감을 유발시킨다.

리더는 언제나 리더다워야 한다. 공적 모습 못지않게 사적 공간에서도 리더로서의 철학이 반영되어 한다. 리더답다고 할 때 특별한 규정은 없다. 자신에게 솔직하고, 콘텐츠와 포장이 위선적이지 않고, 리더의 본령인 조직을 중시하는 행동이 중요하다.

세계적인 대제국을 건설한 알렉산더대왕(Alexandros the Great)은 자기 백성뿐 아니라 피정복민들에게도 존경받았다. 우리가 생각하는 잔혹한 정복 군주가 아니라 그는 자신의 철학이 있는 왕이었다.

고도근시였던 알렉산더는 걸을 때마다 무엇이든 발로 차고 다녔다. 그런 모습을 보던 신하들도 대왕을 본받아 발로 눈앞의 돌멩이 같은 것들을 차고 다녔다. 알렉산더의 스승 아리스토텔레스는 원정 중인 제자 알렉산더에게 다음과 같은 요지의 편지를 수시로 보냈다.

"세계 대제국을 건설해 기필코 세계의 평화를 이루어주게."

그리스의 문명이야말로 최고이며, 이 문명이 야만 지역인 아시아에 전파되어야 한다는 것이 아리스토텔레스의 신념이었다. 알렉산더 역시 전쟁 중에도 생소한 식물이나 동물을 발견하면 아리스토텔레스가 연구할 수 있도록 보내주었다. 그는 잠자리에 들기 전이나 전쟁 중에도 잠시 쉬는 시간이 생기면 아리스토텔레스가 주석을 단《일리아스》를 즐겨 읽었다. 알렉산더는 동방 원정을 다니면서 아시아의 문명이 스승의 교육처럼 야만은 아니며 나름대로 가치가 있음을 발견한다. 그래서 피정복 국가의 문화와 질서를 존중하는 정책을 편 결과, 동서양 문화가 융합된 헬레니즘 문화가 일어난다. 이후 스승 아리스토텔레스와는 거리가 멀어졌으나 자신이 다스리던 영토의 백성들에게는 존경을 받았다.

흡인력을 지닌 리더

한국 정치사에서 줄곧 여당이던 세력이 야당으로 전락한 최초 선거가 1997년 대선이었다. 당시 한나라당 후보 이회창. 그는 정계 입문부터 화려했고 '대쪽 이미지'로 일찍이 대세론을 형성했다. 그러나 김대중의 'DJP 연대'에 무릎을 꿇고 말았다.

5년 뒤 2002년 대선이야말로 이회창이 청와대 안방을 예약해놓은 것처럼 진행되었다. 그는 높은 인지도와 영향력을 과시하듯 각종 여론조사에서도 꾸준히 압도적 1위를 달렸다. 그러나 결과는 예상 밖이었다. 노무현 후보에게 졌다. 그토록 좋은 조건의, 절대 유력 후보가 질 수도 있다는 사례로 연구되는 선거였다. 왜 졌을까? '대세론'에 취해 안정이란 구호만 내세웠기 때문일까? 노사모 등의 돌풍 때문일까? 단지 그것만은 아니다. 그는 민심의 바닥에 일렁이는 도도한 변화의 흐름을 포착할 후각이 없었다. 평생 지도층 인사로 엘리트 의식에 갇혀 산 사람들은 바닥 민심을 간과하기가 쉽다.

그의 엘리트 의식을 보여주는 일화가 있다. 후보 시절 술자리에서 고려대학교 출신 모 기자에게 "거기 나오고도 기자 할 수 있느냐?"고 물었다는 것이다. 이것은 그가 해방 이후 권위주의 정부에서 고질병이 된 학벌주의와 언론 통제를 고치려 하기보다 안주하는 모습을 단적으로 보여주는 사례이다.

이회창은 1994년 국무총리 재임 시절 김영삼 대통령과 마찰을 빚자 허수아비 총리를 거부한다면서 총리 취임 125일 만에 사퇴했다. 그 뒤 성실한 보수적 지도자로 부상한 이회창은 8년가량 대세론을 유지했다. 그러나 결국 고졸 DJ에게 졌고, 연달아 고졸 노무현에게까지 패배했다.

이회창의 대권 후보 시절, '법대로' 이미지를 포용적이고 탈권위적 이미지로 변화시켜야 한다는 조언이 많았다. 기존의 법에 현실의 변화가 충분히 반영되지 않을 때 '이회창의 법대로 이미지'는 권위적이고 수구적으로 비쳐졌고, 그에 비하여 특권과 반칙의 해체를 외치던 노무현만 더 돋보이게 하였다. 사람들은 자기가 존중하는 사람의 모든 것을 닮고자 한다. 자신이 존중하고 선택할 리더가 바람직한 사회를 만들어가는 리더이기를 원한다. 리더가 될 사람은 자신이 믿고 따라올 깃발임을 보여주어야 한다. 그렇게만 된다면 좋은 인재들도 주변에 모여든다. 강태공, 제갈공명도 자신의 능력을 함께 펼칠 리더를 기다렸다.

위수에서 세월을 낚고 있던 강태공을 찾아간 주나라 문왕. 한적한 시골에서 자기 때를 기다리던 제갈공명을 삼고초려한 유비. 우리는 알고 있다. 문왕보다 강태공이 훨씬 뛰어났고 유비보다 제갈공명의 지략이 훨씬 탁월했다는 것을. 그렇다면 문왕과 유비는 무엇으로 강태공과 제갈공명을 다스렸는가? 포용력이었다.

주 문왕(왼쪽)과 유비(오른쪽)

강태공과 제갈공명이 찾던 군왕은 자신들보다 뛰어난 신하를 포용할 줄 아는 왕이었다. 그런 왕이라야 신하가 능력을 십분 발휘하고도 훗날 어려움을 당하지 않기 때문이다. 당시 천하를 도모하던 유비가 비단 제갈공명에게만 고개를 숙인 것은 아니다. 자기가 가고자 하는 방향에 도움이 된다면 누구에게도 기꺼이 고개를 숙였다. 이런 포용력 덕분에 돗자리와 신발을 팔던 유비가 천하를 얻을 수 있었다.

20세기 최고 리더로 칭송받는 처칠(Winston Churchill, 1874~1965)

도 마찬가지이다. 그의 외손녀 샌디스가 밝힌 처칠이 위대해진 비밀은 '웅변 능력'이었다. 사실 처칠은 혀가 짧았으며, S자를 제대로 발음하지 못했다. 일종의 언어장애에 시달리던 사람인데 웅변 능력 덕분에 위대해졌다니 이상하지 않은가? 그만큼 처칠이 대중에게 다가가기 위해 노력했다는 뜻이다.

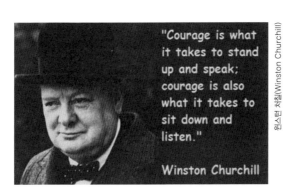

"Courage is what it takes to stand up and speak; courage is also what it takes to sit down and listen."

Winston Churchill

윈스턴 처칠(Winston Churchill)

그는 대중에게 자기 말을 알아들어달라고 요구하기 전에 대중과 소통하는 데 장애가 되는 자신의 말투를 고치기 위해 수많은 노력을 기울였다. 그는 연설을 앞두고는 미리 말실수할 부분까지 연습할 정도였다. 말도 더듬고 외모도 비호감인 처칠이 20세기 최고의 지도자가 될 수 있었던 비결은 바로 리더답게 대중을 포용하고 소통하려는 노력이었다.

엘리트주의에 빠진 사람이 우월성을 과시하며 리더가 되고자 할 때 대중은 외면한다. 자기들과 친화적인 인간 냄새가 나지 않기 때문이다. 처칠처럼 부족해도 대중 친화적이 되려고 노력하는 모습을 보여주고, 주나라 문왕이나 유비처럼 어떤 분야에서 자기보다 유능한 측근을 존중해줄 때 성공적인 리더가 될 수 있다.

홉인력과 친화력은 리더가 되는 과정에서도 필요하고, 리더가 되고 나서 유지하는 데에도 절대적으로 필요한 자질이다. 홉인력은 대중의 정서와 밀접하다. 대중과 측근을 포용하는 홉인력이 바람직하기는 하지만 그것 없이도 전통과 시대적 흐름에서 오는 홉인력으로 지도자가 된 경우도 있다. 미국 양대 정치 명문가라면 케네디 가문과 부시 가문을 들 수 있다. 이런 명문가의 도련님으로 태어난 조지 W. 부시는 처음부터 본인 성품이나 역량과 별개로 어느 정도 대중의 호감을 얻었다. 게다가 8년간 지속된 진보 정치에 지친 미국 국민들의 보수적인 미국으로 가고자 하는 의지가 결합되면서 대통령직을 연임할 수 있었다.

일본의 고이즈미(小泉純一郞)도 부시처럼 군사 대국화라는 신보수의 열풍을 타고 재임에 성공했다. 시대 상황에 맞춘 두 사람의 리더십에 국민들이 움직인 것이다. 이런 홉인력도 리더가 되려는 사람에게 중요하다. 일본을 동아시아의 발판으로 삼으려는 미국의 부시와 동아시아를 발판으로 세계적 지도력을 행사하려던 고이즈미의 이해관계가 맞아 떨어졌다. 두 사람은 농담도 주고받을 만큼 찰떡궁합이었으며 그 덕분에 미일은 밀월 관계를 지속했다. 그 외에도 두 리더 모두 퍼포먼스와 여론몰이에도 능했다.

자기 이미지를 시대와 맞물리도록 조작해 대중을 조종하는 데 능숙한 사람이 대중적인 리더가 되는 경우가 허다하다. 아야툴라 호메이니, 아돌프 히틀러, 블라디미르 푸틴 등의 강력한 리더십도 대중적 홉인력을 창출했기 때문이다. 고이즈미는 '대통령형 총리'

라 불릴 만큼 탄탄한 지지기반을 확보했다. 그가 유세장에 나오면 어김없이 수천 명의 군중이 몰려 함께 사진 찍으려고 열광했다.

어떻게 대중을 열광시킬 수 있었을까? 먼저 리더 자신의 독특한 캐릭터가 있어야 한다. 다음 혐오스럽지 않은 어떤 독특함이 두드러져야 한다. 거기에 치밀한 이미지 전략이 덧붙여지면 금상첨화이다. 고이즈미는 그런 방식에 능했다. 오죽하면 고이즈미의 재집권을 반대하던 시민 단체들이 '이미지 정치에 속지 말고 냉정하게 판단하자.'는 캠페인을 벌였을까?

고이즈미가 대중을 자신에게 몰입하도록 하는 방식은 두 가지였다. 자신에게 불리했던 정치 지형을 우정국 민영화를 계기로 최고의 이슈로 단순화시켰다. 이것이 '이슈 단순화'이다. 최고의 이슈를 무대에 올려 유권자들을 객석에 앉혀 놓고 자신은 개혁적 이미지의 배우로, 상대는 반개혁적 이미지의 배우로 설정했다. 이것이 '극장식 정치'이다.

고이즈미는 '이슈 단순화'와 '극장식 정치'로 불리한 상황을 단숨에 반전시켰다. 이렇게 되자 일본의 다수 유권자는 이미 심정적으로 고이즈미를 응원하기 시작한다. 그는 총리가 되고 난 뒤에도 끊임없이 개혁 이슈를 생산해냈다. 자민당 내 소수파였던 그는 우정국 민영화가 자민당 내 일부 세력에 의해 좌절되자 곧바로 중의원을 해산하고 총선거를 실시했다.

일본의 유권자들은 고이즈미가 의로운 개혁을 하려다 부당한 핍박을 받는다며 그에 반발했던 사람들을 떨어뜨렸다. 대신 '핍박받는 메시아' 고이즈미의 사진과 함께 '개혁을 막지 마라.'는 슬로건을 적은 후보들을 줄줄이 당선시켰다.

《열린 사회와 그 적들》을 쓴 칼 포퍼는 "대중 통치자들 중 지적, 도덕적으로 평균 이상인 자가 거의 없다. 도리어 대다수가 평균 이하인 자들이다."라고 말했다. 인류의 위대한 지도자라 칭송해오던 인물들에게 정신적으로 굽실거리는 버릇을 버려야만 인류의 문명이 발전할 수 있다는 것이다

대중 흡인형 리더들이 보통사람보다 분명히 뛰어난 면이 있다. 그들은 기가 막히게 대중 밀착형 이슈를 골라낸다. 한마디로 사람들의 가려운 곳을 긁어주는 데 능하다. 대중 흡인형 리더십은 리더의 자신 있는 태도에서 나온다. 그들은 자신감 넘치는 대화와 표정으로 사람들을 압도한다. 게다가 사람의 감정을 배려해서 간접적이고 우회적으로 질문하지 않고 단도직입적인 방식으로 질문을 던진다. 어떤 질문도 회피하지 않고 부정확할지언정 신념에 찬 답변을 내놓으며 TPO(Time, Place, Occasion : 때, 장소, 상황)에 따라 다각도로 포즈를 취한다.

그들은 가끔은 괴팍해 보일 만큼 복잡하게 이슈를 늘어놓는 상대들을 단숨에 제압하고 가장 빠른 시간 안에 의사결정에 도달할 수 있는 의견을 내놓는다. 그들은 철저하게 자신을 단련한다. 다른 사람들이 보기에는 대단히 직설적이고 직감적으로 상대의 의표를 찌르는 리더 같지만, 실은 평소에 끊임없이 그런 특징들을 연습한다. 고이즈미의 '극장식 정치'도 무대 뒤에서 흘린 땀방울과 깊이 숙고하며 만든 각본 덕분에 가능했다. 그래야 리더가 일관성을 유지할 수 있다. 리더가 일관성을 잃으면 불신을 사고, 결

국 대중 흡인력은 소멸된다.

마거릿 대처(Margaret Thatcher, 1925~2013) 전 영국 총리도 사전 준비가 치밀하기로 유명했다. 당시 만연했던 영국병을 고치기 위한 처방전으로 내놓은 작은 정부, 큰 시장 정책을 우선순위로 고정하고 장기집권에 성공했다. 그녀는 영민하지는 않았으나 불굴의 신념을 가졌으며, 좋은 기회를 놓치지 않는 능력으로 탁월한 리더의 자리에 올랐다.

Winning
Leadership

커뮤니케이션이
되는가

- 의사소통 리더십

리더는 이상주의자도, 이념적 브랜드도 아니다.
문제 해결에 초점을 맞춘 의사소통 능력을 가진 사람이다.

민주 사회에서 합리적 의사결정을 위한 선결 조건은 리더와 조직 내 구성원과의 의사소통이다. 이 선결 조건이 만족스러울 때 조직원의 실리적 욕구가 충족되어 공동목표를 향한 전심전력의 협업이 가능하다. 의사소통에는 두 가지 과정이 있다.

먼저 메시지를 전달하고 받는 과정과, 메시지를 이해하고 명확히 하는 과정이다. 메시지를 주고받는 과정에서 리더는 주로 메시지를 주는 화자(話者)의 입장에 선다. 여기서 중요한 것은 화자의 메시지 자체가 힘이 있는 것이 아니라는 점이다. 메시지가 청자(聽者)에게 제대로 수신될 때에야 비로소 그 메시지가 살아 움직인다. 그렇다면 화자는 단지 메시지만 전달하는 역할만이 아니라 청자가 곡해하지 않고 제대로 이해할 수 있는 메시지를 만들어야 할 책임이 있다. 의사소통이 되지 않는 책임의 절반은 메신저에게 있다. 따라서 화자는 청자에게 메시지를 전달하기 전에 먼저 청자에게 귀를 기울여야 한다.

경청을 잘하는 리더가 의사소통도 잘한다. 리더가 먼저 사람들의 말을 듣기 원한다는 것을 보여줄 때 사람들도 리더의 말을 듣기 위해 귀를 연다. 리더와 추종자의 대화 형태는 아무래도 공식적이고 수직적인 하달형 커뮤니케이션이 되기 쉽다. 이런 약점을 보완하기 위해서도 리더는 평소에 비공식적 의사소통에 능해야 한다.

어떤 조직의 리더이든 공인으로서의 성격이 있다. 리더의 일상은 유리로 된 공간처럼 드러나 보이는 경우가 많다. 따라서 현명한 리더는 대낮에 도로 한가운데를 걸어가는 심정으로 살아간다. 리더가 전하는 메시지의 설득력은 엉뚱한 면에 좌우되기도 한다. 리더 자신이나 최측근의 간곡한 설득보다는 리더와 멀리 떨어진 보통사람들의 몇 마디 평가가 리더의 이미지를 결정하기도 한다. 사람들은 자신과 비슷한 부류가 하는 말에 더 귀를 기울인다. 리더가 주변의 '작은 자'나 공식석상에서 '소외된 자'에게 보인 인간적 관심이 소리 없는 소문이 되어 리더의 이미지에 결정적인 영향을 준다.

소통과 불통

로마제국의 최고 영웅은 카이사르(Julius Caesar)이다. 그는 평민을 위한 개혁정치를 하며 평민의 절대적 지지를 받았다. 카이사르는 그 같은 지지를 바탕으로 황제가 되고자 했지만 원로원에 매수당한 양아들 브루투스(Marcus Junius Brutus)에게 살해당한다. 이 소식에 로

마는 발칵 뒤집혔고 브루투스와 카이사르의 최측근 안토니우스는
로마 시민들 앞에 서야 했다. 브루투스가 먼저 성난 군중들에게 외
쳤다.

올라오는 카이사르(Julius Caesar) 상동

"카이사르를 존경하지만 공화정을 지키기 위해 어쩔 수 없었습
니다. 그렇지 않았으면 독재자가 탄생했을 것입니다."

브루투스가 눈물을 흘리며 황제가 되려는 카이사르를 없애야
만 했던 자신의 입장을 변호하자 군중들의 분노가 점차 누그러지
기 시작했다.

이때 안토니우스가 벌떡 일어서서 연설을 시작했다.

"로마 시민들이여, 나는 카이사르를 칭송하기 위해서가 아니라
묻어주려고 왔습니다. 우리는 모두 카이사르를 사랑했습니다. 그
렇다면 왜 우리는 그의 죽음에 애도를 표하지 않아야 합니까? 지
금 카이사르는 저기에 누워 있습니다. 여기 카이사르의 유언장이
있습니다."

군중들이 카이사르의 유언이 적힌 양피지를 공개하라고 요구하자, 안토니우스가 이렇게 말했다.

"진정하세요. 여러분이 만일 유언 내용을 알면 미쳐버릴 것입니다. 그가 얼마나 로마를 사랑했는지, 또 여러분을 아꼈는지를 알고 나면 여러분은 목석이 아닌 한 인간이기에 자신을 추스르지 못할 겁니다. 그는 유언장에 자기의 전 재산을 로마 시민에게 돌려주라고 했습니다. 여기 우리를 사랑한 카이사르가 비참하게 살해되어 누워 있습니다."

그러면서 카이사르의 검붉은 핏자국이 선명한 망토를 들어 보였다. 그 순간 군중이 브루투스에게 달려가 폭행하기 시작했다. 이로써 브루투스 일당이 타도되었고, BC 43년 안토니우스가 옥타

〈카이사르의 죽음〉(니콜라 푸생, 1627)

비아누스와 함께 '제2차 삼두정치'를 시작했다. 안토니우스는 군중을 흥분시킬 줄 알았다. 그런 언어는 '아마도' 같은 가정형 단어를 쓰지 않고 '단정적' 언어를 사용한다. 그래야 강력하고 확정적으로 상대의 심정을 흔들어놓는다.

말이 통하는 사람은 마음이 통하기 마련이고, 어떤 경우에도 이해하는 사이가 된다. 도무지 말이 통하지 않는 사람은 비록 유능할지라도 관계에 벽이 생긴다. 리더는 '사회적 건축가(social architect)'이다. 조직을 세우고, 조직을 확장하고, 조직을 보호한다. 이 조직은 유기체이기 때문에 호흡이 필요하다. 조직의 호흡은 곧 의사소통이다. 다(多)문화 사회에서는 의사소통의 리더십을 가진 리더를 절실히 필요로 한다.

의사소통 리더십이 없는 리더에는 세 가지 유형이 있다. 벽창호형, 난청형, 그리고 무분별형이다. 이 세 유형의 리더는 사회적 건축가로서의 자격이 없다. 벽창호형의 리더가 상대방의 말에 무반응하며 '모르쇠'로 일관한다면, 난청형 리더는 상대의 말에 엉뚱한 반응을 보인다. 즉, 조언을 비판으로 듣거나 비난을 칭찬으로 듣기도 한다. 정성을 다해 설명해도 딴생각을 하다가 핵심을 놓치고 다른 말로 대꾸한다.

실언 제조기로 유명한 리더가 일본의 아소 다로(麻生太郎) 전 총리이다. 그는 오바마가 대통령에 당선되고 통화한 직후 출입 기자와의 간담회에서 자신의 영어 실력을 자랑했다.

"어, 오바마 그 친구 영어 꽤 잘하더라구!"

두 번째는 의료보험 제도 개혁 문제를 논의하는 과정에서의 발언이다.

"나는 아침에 걷고 무언가를 하기 때문에 의료비가 적게 나온다. 늙은이 중에 마냥 먹고 마시고 아무것도 하지 않아 골골대는 사람들의 의료비까지 왜 내가 지불해야 하느냐?"

아소 다로는 조선인 강제 징용자를 착취한 아소 탄광 창업주의 후손다운 망언도 늘어놓았다.

"강제징용을 한 적이 없고 창씨개명도 조선인이 원한 것이고, 한국의 발전도 식민지 교육 덕분이었다."

아소 다로처럼 무분별한 유형의 리더는 상황에 어울리지 않는 과격한 발언을 하거나 뒷수습도 하지 못할 말을 거리낌 없이 내뱉는다. 부시 전 미국 대통령도 9·11테러 이후 빈 라덴을 체포하라며 공개적으로 "라덴을 죽이든, 살려서 잡아오든지 하라!"는 명령을 내렸다. 또한 미국의 권위에 도전하는 이라크나 이란 등에 대해서도 수시로 "헤이, 덤벼봐. 맞장 한 번 뜨자!"고 빈정댔다.

이런 행위에 대해 그는 임기 말, 〈더 타임스(The Times)〉와의 인터뷰에서 "이라크전에 대해 내가 조금 완곡하게 표현했더라면 국제 사회의 오해와 분열이 적었을 것이다."라며 후회했다.

이명박 전 대통령도 과잉발언을 자주 했다. 2008년 11월 25일, LA교민간담회에서 도가 넘는 말을 해 구설에 올랐다.

"지금 주식을 사면 최소한 1년 이내에 부자가 된다고 생각한다. 그렇다고 사라는 이야기는 아니고, 원칙이 그렇다는 것이다."

세계 주식시장의 급락으로 투자자들과 대다수의 사람들이 재산상 큰 피해를 보고 있는 상황이었다. 정확한 근거 없는 이런 발언 자체가 시장에 부담만 안겨준다. 사람들은 정치적 술수가 있는 발언으로 듣게 되고 외국에서도 한국 시장을 더욱 의심하게 된다. 무분별형 리더는 칭송하는 말만 듣기를 원한다.

그러나 의사소통의 리더십을 지닌 리더는 불만을 잘 새겨듣는다. 처칠은 절대 즉흥적으로 말하지 않았다. 언제나 메시지를 전할 대상을 신중하게 고려했으며 메시지의 일관성을 지켰다. 처칠이 전한 모든 메시지의 공통된 주제는 '하나가 되는 목적, 하나가 되는 노력'이었다. 전쟁의 심각성을 알려 경각심을 주면서도 항상 극복할 수 있다는 자부심과 함께 긍정적인 말로 마무리 지었다.

"우리는 포기하지 않을 것이며 우리는 우리의 섬을 지킬 것입니다."

이처럼 '우리'라는 서두로 시작해 모두가 공동 운명체임을 강조하고 '해낼 것이다.'라는 메시지로 마무리해 사람들에게 승리의 영감을 주었다. 처칠이 보여준 의사소통 리더십의 하이라이트는 독일이 항복한 1945년 8월 5일 밤이었다.

그날 밤 처칠은 수만 명의 군중들에게 승리의 영광을 돌렸다.

"이 승리는 국민들의 승리입니다."

"아닙니다. 처칠, 당신의 승리입니다."

조직의 들숨과 날숨을 잘 관리하는 리더가, 가장 성공적 결과를 창출한다. 리더 입장에서 날숨이 리더가 하는 말이고 들숨은 경청이다. 리더의 언어는 사려 깊어야 하며, 들을 때도 주의 깊게 들어야 한다. 자신이 귀가 둘, 입이 하나임을 기억하고 한 번 말을 하고 두 번 들으려고 애써야 한다.

"귀는 진리의 결문이고 거짓말의 대문이다. 진리는 기분에 오염

되고 감정으로 왜곡되어 대문을 두드린다. 그러니 칭찬하는 말은 조심스럽게, 비난하는 말에는 더욱 주의 깊게 문을 열어라."

의사소통에 관한 스페인의 사상가 발타자르 그라시안의 조언이다. 의사소통의 리더십을 갖춘 리더는 조직원의 두뇌와 감성을 최고의 상태로 조율한다. 리더의 의사소통 리더십은 직원뿐 아니라 조직과 이해관계가 있는 외부에 대해서도 발휘된다. 아이아코카는 망해가던 크라이슬러의 리더를 맡아 패배적 조직 문화를 승리자의 문화로 바꾸려는 메시지를 일관되게 보냈다.

"걱정 마, 한번 두고 보자고, 다 잘될 테니까."

"작년에 어떤 걱정을 했지? 별로 생각 안 나지, 거 봐 걱정일랑은 다 잊어버려. 내일을 향해 달리는 거야."

아이아코카는 직접 TV 광고에도 출연해 소비자들에게도 자신에 찬 메시지를 보냈다.

"이 차보다 더 좋은 자동차가 있다면 그 차를 사십시오."

물론 이들은 말실수의 대가가 자칫 엄청날 수도 있음을 알고 있다. 따라서 의사소통 능력이 있는 리더들은 늘 의도된 목표를 위해 준비된 화술로 조직이라는 유기체가 잘 기능하도록 노력한다.

최고의 메시지는 리더 자신

2016년 10월 29일부터 최순실 국정 농단 사태로 촉발된 촛불이 매주 토요일마다 서울 도심에서 켜졌다. 그해 12월 3일에 참여 인원이 전국적으로 232만 명을 넘어서자, 국회도 박근혜 대통령 탄핵 소추안을 가결할 수밖에 없었다. 그래도 촛불은 계속되어 같은 해 12월 31일 누적 시민 1,000만을 훌쩍 넘어섰으며 2017년 새해가 되어서도 촛불은 계속 타올랐다. 무엇이 촛불을 끈질기게 타오르게 했는가? 작은 촛불과 같은 서민들은 촛불을 들고 사회를 움직이는 것이 국회의원이나 장차관, 법관들이 아니라 각성된 자신들임을 알게 된 것이다. '우리도 이렇게 사회를 바꿀 수 있구나. 우리를 따라 국회가 움직이고 헌법재판소가 움직이고 경찰도 움직이는구나. 우리에게도 힘이 있구나.'라는 것을.

멀리는 조선시대 노론부터 일제 친일파와 해방 이후 냉전 수구 세력들로 이어져온 기득권층들의 민낯이 최순실 사태로 말미암아 그대로 드러나고 말았다. 일제 강점기부터 시작된 일본 순사 최태민과 일본군 장교 박정희의 관계가 자식인 박근혜까지 이어졌으며, 다시 가지를 쳐서 김기춘 등 정관계 인사, 재벌과 종교계까지 연결된 것으로 드러났다. 서민들은 한마디로 지도층의 양두구육(羊頭狗肉)을 본 것이다. 그 앞에서 촛불 시민들은 "이게 나라냐"고 합창했다. 이 지경까지 오기 전인 이명박 정부 때 이미 전조증상이 있었다. 그때 정치권이 고쳤더라면 2016년의 촛불 사태가 방지되었을 것이다.

2007년 대선 때 이명박과 한나라당은 국민의 정부와 참여 정부에게 '잃어버린 10년'을 되찾겠다고 선언했다. 이명박 대통령 취임 100일 만에 서울시청 앞 광장에서는 비 내리는 가운데 많은 시민들이 미국산 쇠고기 수입반대 촛불 문화제를 열었다. 이미 진보 정권 10년 동안 자유를 맛보았던 국민들은 이명박 정부의 '고소영 S라인', '강부자' 논란에서 나타난 독단적인 인사 스타일과 불도저식 정책 추진에 이미 불만을 품고 있었다. 이런 불만이 급기야 연일 치솟는 물가상승과 '한미 소고기 협상'을 계기로 터져 나왔다. 이명박은 국민을 섬기는 정부가 되겠다고 하면서도 철저하게 서민의 정서를 무시하고 도덕성과는 거리가 먼 인사들로 고위직을 채웠고, 시장만능주의로 국정을 운영했다. 이 때문에 임기 초부터 레임덕에 버금가는 국민적 불신을 받았다.

당시 촛불 구호가 대한민국 헌법 제1조였다.

"대한민국은 민주공화국이다. 대한민국의 주권은 모든 국민에게 있고, 모든 권력은 국민으로부터 나온다."

당시 보수 정권이 국민 위에 군림하려는 오만한 태도를 버려야 했다. 그러나 명박산성을 쌓고 버티는 바람에 결국 10년 뒤 감당할 수 없는 촛불을 만난 것이다.

호미로 막을 수 있었는데 가래로도 먹지 못한 상황을 이명박 정권 때부터 자초했다. 4대강 파내기 강행, 미디어 악법 강행, 부자감세, 복지 축소, 미국에게 대북 주도권을 상실 등 민의를 거스르는 정책을 폈다. 그러고도 공정 사회를 표방하여 진정성을 의심받았으며 '도덕적으로 완벽한 정권'이라고 자화자찬했다. 리더의 진정성을 요구하는데 기대와 달리 갔고 바통을 이어받은 박근혜 정권에 와서 근현대 한국 지도층의 속내가 적나라하게 폭로되었다.

리더의 모습 그 자체가 하나의 메시지여야 한다. 체 게바라, 처칠, 루스벨트, 덩샤오핑 등등. 그들 자체가 메시지였다. 스페인의

스페인 무적함대와 전투를 앞둔 병사들 앞에 나선 엘리자베스 1세

무적함대와 전투를 앞둔 병사들 앞에 엘리자베스 1세(Elizabeth I)가 나섰다. 암살 위험이 크다는 주변의 만류도 아랑곳하지 않았다. 전투 현장에 있던 병사들 앞에 등장한 여왕은 그 자체로 메시지였다. 병사들은 대영제국의 여왕과 내가 공동 운명체였음에 감격해 하면서 가열차게 싸워 스페인 함대를 물리쳤다.

존경받는 지도자는 지도자 자신이 최고의 메시지다. 따라서 사람들을 이끌려 하기 전에 그들의 존경과 사랑을 받아야 한다. 리더가 먼저 사람들을 사랑해야 그 자신도 사랑을 받는다. 리더는 유리 상자 안에 들어 있는 존재와 같다. 모든 사람이 그를 주시한다. 리더가 비전은 좋은데, 존경받지 못하면 구성원과 겉돌게 되어 그 비전은 성취될 수 없다. 사람들은 리더를 보는 눈으로 리더의 비전을 다시 해석한다.

언제나 리더가 먼저 변해야 조직이 변한다. 만일 조직이 리더보다 먼저 변하면 그 리더는 버림받는다. 박정희가 그랬고 박근혜가 그 뒤를 이었다. 인물보다 강력한 메시지는 없다. 위대한 리더가 되기 위해 강인한 체력이나 뛰어난 지성을 갖출 필요는 없다. 그릇이 중요하다. 시대를 담을 수 있고, 유익한 변화의 바람을 일으키는 그릇이 되느냐가 중요하다.

그런 리더는 온실이 아니라 일상에서 만들어진다. 교과서를 읽는 교실이나 체력 단련장이 아니라 서민과 같이 인생의 풍랑을 헤쳐 나가며 무엇을 배웠느냐가 중요하다. 그래서 서민 풍모를 지닌 김영삼 대통령이 서울대 출신 중에서 유일하게 대통령으로 선출되었다. 한국 최고의 대학 출신이라 해도 엘리트 의식을 버리지 않는 한, 국가의 최고 리더로 선출되기가 쉽지 않을 것이다. 한국 사회에서 학벌이 좋은 엘리트에게는 필연적인 단점이 있다. 혼자 공부에 집중하는 시간이 많다보니 팀워크에 약하다. 그것은 5천만과 함께해야 할 리더가 되기에 치명적 약점이다. 그렇기에 연설문 작성자가 적어준 것을 앵무새처럼 대독하면서도 자기 삶이 녹아 있지 않기 때문에 무슨 뜻인지 이해하기 어렵다.

과연 누가 리더가 될 수 있을까? 답은 평소에 잘 준비된 평범한 개인이다. 평범함 속에 비범함이 있다. 평범한 생활 속에서 비범한 모습이 주위 사람들에게 각인되어 있어야 한다. 말만 화려한 리더가 아니라 말도 조리 있게 잘하는 리더, 그러기 위해서는 언어 소통능력보다 비언어적 소통능력이 더 좋아야 한다. 그래야 돌발 상황에서도 거기에 맞는 해법을 내놓을 수 있다.

코미디언 이주일이나 찰리 채플린은 무대에 오르기도 전에 이미 사람들이 웃을 준비가 되어 있었다. 레이건이 방송연설을 하기 전에 국민들은 이미 경청할 준비가 되어 있었다. 웃을 준비가 되어 있지 않은 청중을 모아놓고 채플린보다 더 심오한 내용을 유머러스하게 이야기해봐야 공허한 메아리에 지나지 않는다.

이미 사람들 마음속에 괜찮은 리더라고 인식된 사람이 더 큰 리더로 올라가게 마련이다. 모두의 구심체가 필요한 급박한 상황에서 평소에 지도력을 보여준 사람을 대중은 리더로 선택한다. 인물 그 자체가 어떤 메시지보다 힘이 세다. 돈보다도, 콘텐츠보다도. 어떤 마케팅도 이미 대중에게 각인된 인물을 이길 수 없다. 한국 정치사에서도 지난 3김 시대가 이를 증명하고 있다. 대중은 메시지보다 메신저에게 관심이 더 많다. 대중적 호소력이 있는 메신저보다 더 강한 메시지는 없다.

훌륭한 리더는 자기가 이끌고 있는 사람들로부터 존경을 받는다. 그런 리더는 리더 자체가 바로 메시지이다. 마치 큰 바위 얼굴처럼 추종자들은 리더가 별 다른 말을 하지 않아도, 리더의 얼굴색과 행동만 봐도 리더가 어떤 의사결정을 할 것인지 안다.

"척 보면 압니다."

작은 대변인을 통한 의사소통

2008년 글로벌 금융위기 이후 중산층이 몰락하면서 상위 20%의

소득은 증가한 반면 나머지 80%는 감소했다. 근로자 중 중소기업에서 일하는 비율이 80%이다. 국가의 리더가 되려면 누구를 대변해야 하는가.

2012년 총선 때 한 후보자가 강북을 어두운 곳이라고 빗대며 강남에 출마했다. 이럴 경우 강북과 지방까지 아우르는 리더로 성장하기는 매우 어렵다. 설령 리더 자신이 20% 안에 든다 하더라도 전체를 대변하도록 시야를 넓혀야 한다. 한 국가의 리더가 되려면 서민에게 친숙한 이미지를 지녀야 하고 사람들로부터 칭송받아야 한다.

프랭클린 루스벨트(Franklin Roosevelt, 1882~1945)는 세계대전이라는 전쟁 중에도 4선을 지낸 미국 역사상 유일한 대통령이다. 루스벨트는 젊은 시절에 소아마비를 앓았다. 갑작스럽게 휠체어를 타게 되자 깊은 절망에 빠져 방 안에만 머무르려 했다.

프랭클린 루스벨트

어느 날, 비가 그치고 하늘이 맑게 개자 아내인 엘리너(Eleanor Roosevelt, 1884~1962)가 남편의 휠체어를 밀고 꽃밭으로 산책을 나갔다.

"여보, 흐린 뒤에는 반드시 맑은 날이 오지요."

"하지만 난 불구자가 되어서 당신이 더 힘들 텐데, 그래도 날 사랑할 수 있다는 말이오?"

"왜 그런 섭섭한 말씀을 하세요? 그럼 제가 당신 다리만 사랑했단 말인가요?"

엘리너의 이 말 한마디에 실의에 빠져 있던 정치인 루스벨트는 다시 세상으로 나와 대통령이 되었다. 루스벨트의 마음속에 있던 열등감과 패배감을 아내가 씻어주었던 것이다.

루스벨트는 세계적 경제공황과 전쟁으로 좌절에 빠져 있던 국민들을 일으켜세웠다. 루스벨트의 약자들에 대한 애정은 아마 장애가 있는 자신의 경험이 크게 작용했을 것이다. 루스벨트는 엘리트나 고소득자만 좋아하는 대통령이 아니었다. 심지어 백악관에서 소소한 일을 하는 직원들조차도 그를 좋아했다. 특별한 장소에서 준비된 말을 하는 리더를 보고 그를 평가하기는 어렵다.

리더의 인격은 무심히 지나칠 소소한 일상에서 드러난다. 어느 날 우연히 백악관 여직원이 루스벨트에게 자기는 메추라기를 한 번도 본 적이 없다고 말했다. 루스벨트는 그녀에게 메추라기에 대해 상세히 설명해주었다. 그러던 어느 날 깊은 밤에 여직원의 집으로 백악관에서 전화가 왔다. 긴급 전화인 줄 알고 받은 그녀의 남편에게 대통령이 말했다.

"여보게, 지금 백악관 뒷마당에 메추라기가 날아와 앉아 있네. 얼른 자네 아내와 함께 가서 보게. 자네 아내가 평생 메추라기를 한 번도 본 적이 없다고 하던데."

루스벨트는 작은 사람을 섬길 줄 알았다. 그들은 루스벨트의 대변인을 대신해 그를 칭찬하고 선전하였다. 대중은 자기와 비슷한 사람의 이야기에 친밀함을 느낀다. 백악관의 공식 대변인이 루스벨트에 대해 언급하는 말은 의례적인 것으로 여긴다. 공식 대변인과 주변에서 일하는 무명 인사들로부터 듣는 리더의 평가가 다를 때 대중은 그 리더를 이중인격자로 판단한다.

그러나 백악관의 여직원처럼 평범한 사람을 통해 듣는 리더에 대한 감동적인 이야기는 전설처럼 심금을 울리며 퍼져간다. 감동적으로 의사소통을 하는 리더는 작고 소소한 일을 하는 사람을 대변인으로 둔다. 루스벨트의 마음속에는 휴머니즘이 깊이 깔려 있었다. 이런 그를 미국인들은 사랑했다. 1930년 초 대공황 때 한 사람이 루스벨트에게 물었다.

"국가가 위기를 만날 때마다 대통령께서는 어떻게 마음을 다스리십니까?"

"네, 그럴 땐 휘파람을 불지요."

"그런데 왜 저는 대통령께서 휘파람을 부시는 것을 한 번도 듣지 못했지요?"

"그렇죠. 제 휘파람소리에 국민들이 불안해할까봐 요즘 같은 위기에도 저는 한 번도 휘파람을 불지 않았습니다."

1941년 세계 대공황에서 힘겹게 벗어나던 즈음에 루스벨트는 '4대 자유'를 발표한다. '표현과 언론의 자유, 신앙의 자유, 결핍으로부터의 자유, 공포로부터의 자유', 이 4대 자유는 뒤에 세계인

1945년 얄타 회담에 참석한 처칠, 루스벨트 스탈린(앞줄 왼쪽부터)

권선언의 기초가 되었다. 한국은 물론, 작은 조직까지도 이런 지도자를 고대하고 있다. 사람들이 고대하는 리더는 개인적 역량이 특출 난 사람이 아니다. 올바른 판단력을 지닌 사람, 따뜻한 가슴을 지닌 사람을 원한다.

1945년 2월 제2차 세계대전 중 미국, 영국, 소련의 리더들이 얄타에 모여 회담을 열었다. 소련의 스탈린(Joseph Stalin, 1878~1953)이 루스벨트를 보자마자 물었다.

"미국 노동자들은 월급을 얼마나 받습니까?"

"약 300달러 정도 됩니다."

"그 돈으로 살 수 있습니까?"

"그럼요, 한 200달러면 생활이 됩니다."

"남은 100달러는 무엇에 씁니까?"

"그거야 자유주의국가에서 남은 돈을 어떻게 쓰든 본인들 마음 대로죠. 당신네 소련 노동자의 월급은 얼마나 되오?"

"800루블씩 받습니다."

"그 돈으로 생활할 수 있습니까?"

"우리 소련에서는 1천 루블은 가져야 한 달을 살 수 있습니다."

"그러면 200루블이 모자라는데 어떻게 해결합니까?"

"그야말로 자기들이 알아서 하겠죠. 내 문제가 아닌데 무엇 때문에 내가 일일이 관심을 갖습니까?"

세상 물정도 모르면서 세상을 리드하겠다는 한심한 리더들이 많다. 조직의 밑바닥 민심을 무시하고는 조직을 단결시킬 수 없다. 기층의 애정을 획득하지 못한 리더의 지시 사항은 눈보라 치는 동안 눈 위에 써놓은 글씨와도 같다. 리더는 머리도 빌릴 수 있고, 건강도 빌릴 수는 있으나 건전한 양식에 의한 바른 판단은 본인이 해야 한다. 사람들은 루스벨트처럼 추종자의 심정을 파고들 수 있는 사람을 원한다.

미국인들이 루스벨트를 리더로 한 번, 두 번 신뢰를 거듭하게 되자, 자신들이 아끼는 곰 인형에까지 대통령의 애칭인 '테디'를 붙였다. 그만큼 루스벨트를 사랑하고 있다는 뜻이다.

〈타임〉도 20세기의 가장 위대한 지도자로 루스벨트를 꼽았다. 그 비결은 국민들을 감동시킨 친밀감이다. 그래서인지 많은 리더들이 이미지를 쇄신한다며 전문 인력까지 채용하지만, 그에 앞서 다양한 계층으로부터 신뢰받는 정서를 갖는 것이 중요하다. 그런 정서가 없는 행동은 쇼로 비쳐질 수 있다. 휴머니즘적 정서가 바탕에 있어야 작고 힘없는 사람의 대변인이 되어줄 수 있다. 친밀감 없이는 신뢰가 없고, 신뢰가 없이는 무조건 따르는 추종자가 생기지 않는다.

리더는 작은 사람을 매료시키는 따뜻한 카리스마가 필요하다. 그 정도까지 안 되더라도 만나서 함께 담소하고 싶은 정도의 친근감이라도 갖춰야 한다. 특히 주변의 약자들에게. 바로 그들의 발 없는 말이 천리를 간다.

자신의 경험으로 설득하라

리더가 대중 친화적일수록 점차 그에게 매몰되어가는 지지자들이 늘어난다. 사람 좋아하는 데 특별한 이유가 없듯이 리더에게 매몰되는 사람들도 특별한 이유가 필요 없다. 이처럼 리더가 한번 대중의 호감을 얻으면 팬덤(fandom) 현상이 발생한다. 즉, 특별히 좋아할 이유가 없는데도 열성적으로 따라다니게 된다.

보통 15% 이상 지지도가 일정 기간 유지되면 일종의 종교적 팬덤 현상이 생긴다. 리더라면 이런 정도는 되어야 크게 세상을 공략할 수 있다. '……때문에' 따라다니는 추종자는 '……'이 사라지면 떠난다. 그러나 '……임에도 불구하고' 따라다니는 추종자들은 광팬이 된다.

왜냐하면 리더도 사람이고 결코 완벽할 수 없기 때문에 종종

실수를 한다. 팬덤에 빠진 지지자들은 리더의 그런 실수조차 애교로 봐주거나, 아니면 무슨 말 못할 깊은 사정이 있는 것으로 해석한다. 리더에게 이유 없이 그냥 좋다는 추종자가 생기면 그 리더는 일시적으로 고개를 숙일지언정 결코 쓰러지지는 않는다. 과거 3김 시대를 돌아보라. YS, DJ, JP는 결코 완벽한 인물이 아니었다.

3김은 영호남과 충청을 지지 기반으로 한국 정치를 40년간 좌지우지했다. 그들의 많은 결점이 언론에 노출되어도 지지자들은 오히려 짠한 마음으로 그들을 덮어주고 부축해주었다. 그런 리더들은 역경을 만나도 지지자들이 자진해서 후원하고 앞장서서 다른 사람들을 설득하고 다닌다. 그렇다면, 그런 지지를 받을 수 있는 사람은 누구인가? 자신의 말로 세계에 대해 이야기하는 사람이다. 누가 어떤 이야기를 했다더라가 아니라, 즉 스토리가 "따옴표" 붙은 말이 아이라, 자신의 생생한 경험과 세계관이 묻어나야 한다.

적어도 리더라면 남의 스토리에 기대어 자기 이야기를 살짝 끼워 넣는 식으로는 성공하지 못한다. 작든 크든 자기 이야기를 하고 보완재로서 타인의 이야기를 해야 한다. 사람이라면 누구나 공감할 만한 경험을 한다. 설령 '다이아몬드수저'를 물고 태어난 사람도 나름의 고뇌와 아픔이 있다. 바로 인간의 근본적인 조건 때문이다. 상대적 박탈감에 차이가 있을 뿐 인간이라면 누구나 기본적으로 공감할 만한 과정들이 분명히 있다.

'흙수저'만 들고 산 사람도 누구나 부러워할 만한 순간을 경험했거나 상상해보았을 것이다. 이런 경험이 자신의 상황을 뛰어넘어 다른 상황 속에 사는 사람들을 리드할 수 있는 지혜를 준다. 실제로 리더는 자신의 지나온 과정에서 대중 친화적인 요소를 뽑아내고 자신의 현재 사고방식 중에서 대중에게 받아들여질 만한 요소를 골라 이미지를 구축할 필요도 있다. 사람은 저마다 세상을 바라보는 프레임이 있다. 이 프레임들 중에 가장 많은 사람들이 공유하는 프레임을 선점하는 사람이 그들의 리더가 된다. 히틀러는 그런 면에서 탁월했다. 히틀러는 이렇게 강조했다.

"대중은 여자와 같다. 대중을 지배하는 게임은 마치 전쟁과 같아서 정의보다는 승리가 우선이다. 그들은 자기들을 지배해줄 사람을 기다린다. 거짓말을 하려면 아예 크게 하라. 그러면 대중은 너를 믿을 것이다."

18세기 계몽주의자들은 인간이 이성적으로 행동한다고 믿었다. 하지만 리더가 사람들이 항상 합리적으로 어떤 선택을 한다는 가정 하에 리더십을 발휘한다면 백전백패한다. 오바마는 미국인들이 갖고 있는 오래된 아메리칸드림에 대한 향수를 자극했다. 바로 자기 삶의 역경 중에서 미국인의 정서적 프레임과 딱 들어맞는 요소를 끄집어내어 강조했다. 그는 가난한 나라 케냐에서 온 젊은이와 캔자스 주의 젊은 여성이 흑인 아이를 낳으면서 품었던 아메리칸드림을 이야기했다. 자신의 부모가 자신에게 들려준 무엇이든 성취할 수 있다는 믿음이 전쟁과 경제적 혼란으로 위기에 빠진 상황에서 바로 그 꿈의 회복을 위해 자신이 미국의 리더가 되어야 한다고 주장했다.

공화당 후보 매케인이 '전쟁', '에너지' 등을 이야기할 때 오바마는 '믿음', ' 아메리칸드림', ' 약속' 등을 이야기했다. 월남전 참전용사인 매케인은 자신의 업적을 거론하면서 미국 사람의 부채의식을 건드려 부담을 준 반면, 오바마는 월스트리트의 파산으로 힘겨운 보통사람들과 자신의 경험을 담은 언어로 희망을 나누는 캠페인을 펼쳤다. 즉, 많이 가진 자에게 더 많이 주면 넘쳐흘러 모든 사람 이 잘살게 된다는 공화당의 철학이 사회의 양극화를 더 심화시켰다는 것이다.

"가난하게 태어났다고요? 시장이 해결해줄 겁니다. 아프지만 의료보험이 없다고요, 해고당했다고요? 당신 문제는 당신이 알아서 해결하세요."

이런 간결하고 폐부를 찌르는 멘트가 자본주의의 첨단을 걷고 있는 미국 대통령 후보의 입에서 나왔다. 오바마는 고소득층의 세금을 감면하자면서 서민의 감세를 반대하는 공화당 정책의 허구성을 파헤쳤다. 이런 접근을 누구나 쉽게 할 수 있다고 생각하면 오산이다. 마치 콜럼버스의 달걀처럼 옆에서 보기에는 쉬워도 자신이 직접 대중이 공감할 만한 이슈를 만들어 던지기란 쉽지 않다.

오바마를 당선시킨 사람들을 일명 '오바마 신도'라고 부른다. 초선 상원의원에 불과한 오바마가 어떻게 그런 지지를 받게 된 걸까? 유권자들은 정치 신인인 오바마가 거물 후보 힐러리에 도전하는 담대함에 관심을 가졌다. 그렇다. 자신들의 언어로 자신들의 고민을 포용하는 모습을 보고 열광하게 되었다.

우리나라 기업인들 중에 가장 국민적인 인기를 끄는 사람이 고정주영 회장이다. 정 회장의 서민적인 모습과 그의 말이 평범한 사람들의 감성을 두드리고, 또한 그의 성공 모델이 누구나 할 수 있다는 표상이기 때문이다. 한국 최고 재벌의 회장이었던 그의 어록을 보자. 얼마나 서민적이었던가.

"나는 소학교(초등학교)만 나온 사람이다. 평생 '좋은 책 읽기'를 게을리 하지 않았다. 부모가 첫 번째 스승이라면 책 읽기는 두 번째 스승이다. 모든 것을 복잡하게 생각하면 인간은 약해진다. 담담(淡淡)한 마음을 가질 때 유연해지고 태도도 당당하고 굳세어진다. 시간을 헛되이 낭비하는 적당주의처럼 무가치한 것은 없다. 부지런한 새가 좋은 먹이를 얻듯이, 하루 부지런하면 하룻밤 잠이 달고, 한 달 부지런하면 생활이 향상된다. 이렇게 평생 부지런하면 누구나 인정하는 큰 발전을 볼 수 있다."

정 회장은 특권 의식에 찌든 발언을 하지 않았다. 정 회장은 자기의 경험에 비추어 마음씨 좋고 성공한 이웃집 아저씨처럼 다감하고 실천 가능한 이야기를 했다. 물론 지금과 달리 정주영 회장의 성장기에는 개인의 노력만으로 소기의 성과를 거둘 수도 있었다. 그런 시대를 성실하게 살아온 사람의 인생관이 어록에 배어 있다.

말이 먹히는 리더, 소통의 미학을 아는 리더

리더십 스타일은 리더의 수만큼이나 다양하다. 그럼에도 불구하고 이 시대의 성공한 리더들은 소통능력이 탁월하다. 모든 리더는 어떤 목적을 가진 조직의 권력자이다. 조직의 리더가 행사하는 권력은 조직원들에게 그대로 영향을 미친다. 따라서 권력을 판단하는 정당한 기준은 '자유로운 의사소통'이 뒷받침되어야 한다.

플라톤은 "누가 리더가 되어야 하느냐?"고 물으면서 '철인(哲人)'이 리더가 되어야 한다고 대답했다. 그러나 현대에 와서 이 질문에 대해 위르겐 하버마스(Jurgen Habermas)는 다른 답을 내놓고 있다.

하버마스에 따르면 '리더는 이상적 담론 상황을 만들어 의견의 일치를 끌어낼 줄 아는 사람'이라고 말한다. 이상적 담론 상황이란 첫째, 모든 사람이 담론에 참여할 수 있는 동일한 기회를 주고, 둘째, 모든 사람이 자기주장을 개진하며, 셋째, 다른 사람의 주장에 대해 이의를 제기할 수 있어야 하며, 넷째, 모든 사람이 대화의 과정에서 어떤 외적 압력이나 심리적 부담감을 갖지 않아야 한다.

하버마스가 설정한 담론 상황은 그야말로 이성과 이성(brain to brain)의 바탕 위에서 이루어지는 이상적 커뮤니케이션이다. 현실적으로는 이런 이상적 커뮤니케이션보다 '마음과 마음(heart to heart)의 의사소통이 더 효과적이다. 사람은 머리로는 납득하더라도 가슴이 받아들이지 못하는 경우가 허다하다. 따라서 리더에게 소통의 미학은 단지 합리적으로 설득하고 마는 것이 아니라 상대의 가슴을 여는 것이다.

앙겔라 메르켈(Angela Merkel)은 독일의 첫 여성 총리이다. 그녀는 개신교인이고 구동독 출신이었다. 대부분의 동료 정치인들은 남성이었으며 가톨릭 신자인 데다 구서독 출신들이었다.

이런 여건 속에서 메르켈은 남성들의 행동 양식과 판단 기준을 연구하고 예측하며 대처한 결과, 총리가 되었다. 의사소통의 미학은 커뮤니케이션을 단순한 기능(function)이 아닌 가치(value)로 보아야 가능하다. 기능은 별다른 이해와 동의가 필요하지 않으나 가치는 추상적이고 폭넓어서 협의를 통한 구체화와 감동이 필요하다.

앙겔라 메르켈(Angela Merkel)

많은 리더들은 내 의사를 상대에게 전달해서 알아들으면 좋고 알아듣지 못해도 그만이라는 태도를 가지고 있다. 이는 의사소통이 아니라 의사전달이다. 이것은 다른 사람은 자신의 지식과 정보를 전달받는 대상일 뿐이며 자기만이 주체라고 여기기 때문에 나타나는 태도이다.

가치론적 관점으로 커뮤니케이션을 규정할 때 리더는 자신과 상대를 동등한 주체인 동반자 관계로 파악한다. 어떤 인간도 완벽하지 않다. 따라서 인류 최고의 리더라 할지라도 참모가 필요하다. 완전하지 못한 사람이 불완전한 사람과 만나 서로의 부족한 면을 채우고, 가치 있는 결정을 하고자 커뮤니케이션을 하는 것이다. 의사소통의 미학을 지닌 리더는 자신과 조직원의 관계를 수직이 아니라 수평적 관계로 대우하여 더 나은 미래를 위한 협력자로 만들어간다. 리더는 주체, 조직원은 객체라는 주객 이원론의 도식에서 벗어나야 한다.

프랑스의 사회학자 에밀 뒤르켐(Emile Durkheim, 1858~1917)은 사회를 '기계적 사회'와 '유기적 사회'로 구분했다. 과거의 사회가 혈연과 지연 등 각종 연줄로 얽혀 응집된 기계적 사회였다면, 현재는 다양한 분화가 일어나면서 점차 유기적 사회로 진행되고 있다. 이 유기적 사회의 응집력이 의사소통에서 발생한다. 이 시대에는 무조건 "나를 따르라"고 할 수 없다. '왜'라는 이유를 설명하고, 그 이유마저도 다시 만들어나갈 때 사람들이 움직인다. 강력한 추진력은 가슴을 여는 따뜻한 의사소통에서 나온다. 리더라고 일방적으로 지시사항을 전달하고, 계몽하려 한다면 그 조직에는 반드시 불협화음이 일어난다. 진정한 추진력은 리더 개인이 아니라 리더를 포함한 조직원들에게서 나온다. 현 시대는 리더들에게 의사전달의 리더십이 아닌 의사소통의 리더십을 요구한다. 사실 흡인력은 강력한 카리스마에서도 나온다. 사람들은 과감하게 업무를 추진하며 여러 유혹과 압력을 화끈하게 물리치는 스트롱맨형의 지도자를 원한다. 그러면서도 동시에 포용력 있는 소프트맨형의 지도자도 그리워한다.

인지언어학을 창시한 캘리포니아대학교의 조지 레이코프 교수는 국가를 '엄격한 아버지 가족(strict father family) 모델'과 '자상한 부모 가족(nurturing parents family) 모델'로 나누었다. 그는 자신의 저서 《코끼리는 생각하지 마》에서도 보수주의를 엄격한 아버지 모델로, 진보주의는 양육하고 감싸는 어머니 모델로 묘사한다. 한 리더에게 이 두 모델이 양립하기가 쉽지는 않지만 불가능한 것도 아니다. 강력한 커뮤니케이션과 관용적 커뮤니케이션을 병행하면 가능하다.

그 가능성을 메르켈 총리가 보여주었다. 메르켈은 2002년 총리에 오를 수 있는 기회를 대의명분을 내세우며 양보했고, 경제지표가 좋아지자 전임 총리인 슈뢰더에게 공을 돌리기도 했다. 메르켈은 표면적으로는 강력한 카리스마형 리더로 보인다. 그녀의 직설적인 어법과 단호한 추진력에도 불구하고 유연성과 포용의 정치인으로 국민들이 인식하는 데는 이유가 있다. 그녀는 어떤 일을 추진하기 전에는 비판하는 목소리들까지 충분히 경청한다. 어떤 의견도 마다하지 않고 존중하는 자세로 다 들은 다음, 확실한 결론을 내린다. 이렇게 내린 결론은 흔들림 없이 밀고 나간다.

이처럼 유연한 소통의 과정을 거치기 때문에 '불도저 스타일'로 보이는 메르켈이 국민의 존경과 신임을 얻으며 '협상의 마법사'로 인정받는 것이다. 그녀는 G8정상회담 같은 국제회의에서도 온실가스 감축협상을 놓고 벌어진 미국과 러시아의 심각한 갈등을 중재하고 합의를 이끌어내었다.

행동은 하는가

- 실행 리더십

'주사위는 던져졌다.'

카이사르는 별로 승산이 보이지 않는 싸움인데도 루비콘 강을 건넜다. 분명히 어려운 싸움이지만 강을 건너지 않으면 비전을 이룰 수 없었기 때문이다. 로마의 위기를 타개하기 위해 전면적인 개혁이 필요했고, 그는 기꺼이 루비콘 강을 건넜다.

리더십에 대한 다양한 정의(定義)가 있음에 불구하고 리더가 성과를 내지 못한다면 그 모든 정의가 쓸모없다. 어떤 상황에서도 리더는 성과를 내야 한다. 목표 달성 능력과 실행 능력이 리더의 출발점이기 때문이다.

피터 드러커는 "성과를 거두는 많은 리더들의 성격과 지식과 일하는 방식 등이 천차만별"이라면서도 그들에게 한 가지 공통점이 있는데 그것은 바로 "올바른 일을 해내는 능력"이라고 지적했다. 그렇다. 성과를 만드는 리더들은 하나같이 각자 다양한 능력과 개성을 성과로 연결시키려고 부단히 노력한다.

실행 능력이 부족한 리더는 지능, 학벌, 배경, 성품 등 다른 모든 것이 다 월등해도 실패하게 되어 있다. 비전 성취의 달성 여부가 오로지 실행 능력에 달려 있기 때문이다. 그렇다면, 리더에게 꼭 필요한 실행 능력은 어떻게 만들어질까? 실천의 반복이다. 작은 비전이라도 세우고 실천하는 습관을 지속하다보면 실천 능력이 몸에 밴다. 무술을 오래한 사람은 위기의 순간에 자동적으로

손과 발이 자신을 방어하고 상대를 제압한다. 인간은 습관의 동물이다. 실행 능력은 습관적 행위의 집합이다. 비전을 세웠으면 비전의 가치를 따지기 전에 우선 실천해보라!

리더십을 기르는 좋은 방책은 과거 위대한 리더들 중 자신과 흡사한 리더를 벤치마킹하며 자신만의 독특한 비전 브랜드를 형성하는 것이다. 리더의 능력은 지속적이고 반복적인 실행을 통해서만 익힐 수 있다. 누구나 꿈꾸기는 쉽다. 그래서 백일몽이 취미인 사람도 있는데 이런 사람이 리더가 되는 것은 바람직하지 않다. 리더란 "두꺼운 판자를 열정(Leidenschaft)이라는 송곳으로 구멍을 내는 사람"이다. 독일의 사회 철학자 막스 베버(Max Weber, 1864~1920)의 관점이다. 종이도 아니고 두꺼운 판자를 뚫으려고 할 때 얼마나 많은 인내와 고통이 필요하겠는가.

리더가 되고자 하는 사람은 현실의 유혹에 빠지지 않기 위해 부단히 노력해야 하는 것을 물론, 때로 비전을 현실화하기 위해 2인자로 머무는 용기도 있어야 한다. 성격상 꼭 1인자가 되어야만 직성이 풀리는 사람이 있다. 그런데 역량과 여건이 충족되지 않는데 무리하게 1인자가 되면 리더와 조직이 모두 망가진다. 이럴 경우 2인자로 머물며 비전을 성취해가는 보람을 택하는 것이 좋다. 제갈공명, 키신저, 한신, 저우언라이(周恩來) 등이 그런 인물들이다. 2인자가 되는 것은 자기 비전을 스스로 완성할 여건이 안 되면서도 1인자를 고집하다가 비전도 성취하지 못하고 개인도 실패하는 것보다는 훨씬 바람직하다.

"만인지상 일인지하(萬人之上一人之下)"라는 국무총리도 리더이듯이 리더의 2인자도 엄연한 리더이다. 비전 성취가 중요한가? 내 자신의 군림 욕구가 중요한가? 최고의 역량을 지닌 사람도 자신의 군림하고자 하는 욕구를 절제하지 못하면 모든 일이 신기루가 되고 만다. 역발산(力拔山)의 기개(氣蓋)를 갖춘 항우가 대표적인 인물이다. 자신만의 매력으로 사람들을 끌어들일 만한 여건이 안 될 때, 또한 자신의 성품이 리더에 적합하지 않을 때, 자신이 공감하는 인물을 디딤돌로 삼아보라.

구호를 넘어 행동으로

구호만 남발하고 실행하지 않는 리더를 '기름장어(slippery eel)'라 부른다. 이 표현이 처음 쓰인 것은 동서냉전이 한창이던 1980년 대였다. 이 말은 당시 서독의 외무장관이던 한스 디트리히 겐셔(Hans-Dietrich Genscher)로부터 유래되었다.

겐셔는 동독 출신으로 1974년에 사민당과 자민당 연립정권에서 외무장관이 된 인물이다. 그 뒤 빌리 브란트(Willy Brandt), 헬무트 슈미트(Helmut Schmidt), 헬무트 콜(Helmut Kohl) 등 세 번의 정권교체 속에서도 18년간 외교장관을 역임했다. '겐셔리즘'이라는 외교용어까지 생길 만큼 외교관으로서 뛰어난 역량을 발휘했을 뿐만 아니라 미국과 소련 어느 쪽도 적으로 만들지 않고 독일 통일까지 이끌어냈다. 그런 처신 때문에 강대국에서 그를 두고 '미끈거리는(Slippery) 사람'이라 불렀다. 그는 자국의 이익을 위해 강대국 논리에 휘둘리지 않았던 것이다.

국제 정치에서 이런 방식이 필요하겠지만, 국내 정치나 조직 내에서 리더가 그런 식으로 처신하면 조직 전체가 음모론의 도가니가 된다. 한국 정치는 겐셔의 외교술과는 반대로 흘러왔다. 미국, 중국, 러시아 등 강대국들에게는 끌려다녔고, 국민에게는 미끄러운 장어처럼 속임수와 반칙으로 일관해왔다. 그런 까닭에 정치인들은 우리 사회에서 가장 불신 받는 대상이 되었다.

대개 큰 조직의 리더들은 추상화의 위험에 빠져 뜬구름 잡는 약속을 한다. 그런 공약이 반복적으로 지켜지지 않을 때 양치기 소년처럼 조직원들의 신뢰를 잃는다. 말의 무게가 사라진 리더가 무슨 말을 해도 공곡족음(空谷足音)이 된다. 즉 아무도 없는 빈 계곡에 울리는 발걸음 소리처럼 무의미해지는 것이다.

리더의 한마디는 중천금(重千金)과도 같아서 반드시 실천하려고 노력해야 한다. 겨우 13명으로 공산당을 시작한 마오쩌둥은 대장정을 통해 급성장한다. 마오쩌둥은 국민당을 피해 옌안(延安)으로 '대장정'을 하면서도 '농민의 편'이라는 구호를 실천한다.

마오쩌둥은 어릴 적부터 양산박의 두목과 같은 혁명가를 꿈꾸어왔다. 그는 중국 역대 혁명가들의 전기를 꾸준히 읽으면서 꿈을 키우다가 농민조합을 조직했는데 국민당 장제스(蔣介石, 1887~1975) 정권으로부터 탄압받기 시작했다. 그때부터 농민들을 이끌고 옌안으로 장장 368일간, 12,000km의 대장정을 시작한다. 17개의 강과 18개의 산맥, 수많은 습지와 사막을 넘으며 최첨단 무기를 가진 국민당과 당당하게 맞섰다.

추위와 굶주림 속에서 힘겨운 대장정을 하는 동안에도 그는 농민들에게 사소한 피해도 끼치지 않으려고 노력했다. 식량도 자급자족하려 애썼으며, 심지어 자는 동안 잠시 떼어놓은 문짝을 출발하기 전에 원래대로 달아놓았다. 그래서 오늘날 대국굴기(大國屈起)의 중국을 만들고, 마오쩌둥 자신도 '중국의 별'이 된 것이다.

대장정 중인 마오쩌둥(毛澤東)

인도의 간디도 '독립'이라는 구호만 내세웠더라면 오늘날처럼 존경받지 못했을 것이다. 오늘날의 간디는 구체적인 '사티아그라하'운동을 벌인 결과이며 독립을 위해 구체적으로 물레를 돌리고 또 돌렸기 때문에 마하트마 간디가 탄생할 수 있었다. 카이사르도 로마 개혁의 명분만 되뇌었더라면 역사에 기록되지 못했을 것이다. 카이사르는 비장한 각오로 루비콘 강을 건너 3년여의 내전을 치르고 위대한 리더의 반열에 올랐다. 그들은 리더가 되기 전에는 달콤한 이야기를 하다가 리더가 된 뒤 자기 잇속을 위해 공적 권력을 행사하는 소위 '먹튀 리더'들과는 달랐다.

잘나가는 조직에 문제를 일으키는 리더들에게는 특징이 있다. 먼저 회중, 즉 조직원에 대한 이해가 부족하고, 다음으로 책임 전가를 잘하며, 상상력이 부족하다. 그래서 조그만 성취 앞에서도 이만하면 됐다고 만족한다. 더 이상 변화를 추구할 의지는 접고, 새로운 행동이 필요할 때도 방어적 태도로 일관한다. 그러다 보니 자신감이 줄어들고, 혹 시도하다가 실패하면 지금보다 후퇴할 것이라고 판단하여 지레 겁을 먹는다. 그런 리더들이 잘나가던 조직을 망가뜨린다.

BC 333년, 지중해 근처의 이수스 평원에서 그리스군 3만 6천과 페르시아의 15만 대군이 맞부딪쳤다. 페르시아의 다리우스(Darius) 왕은 자기 군사의 3분의 1에 불과한 병사를 이끌고 마주 선 스물세 살의 알렉산더를 비웃으며 바라보았다. 페르시아의 기병부대는 계급이 높은 지휘관의 위세용 내지 장식용이었으나, 모든 전투는 격동적으로 치러야 한다는 소신을 갖고 있던 알렉산더는 실제 전투 병사들로 기병부대를 구성하고 있었다. 알렉산더가 즉각 소수의 기병으로 좌측을 지키던 적진의 기병을 먼저 치고, 다리우스 왕이 있던 적진 중앙을 배후에서 기습 공격했다. 이 전투에서 다리우스는 크게 패배하고 도주하던 중에 암살당한다.

중국 전국시대의 일이다. 당시 중국은 일곱 개의 나라가 벌이는 전쟁으로 피비린내가 가실 날이 없었다. 그중 조나라는 다른 제후국과의 싸움도 해야 했을 뿐만 아니라 북방의 오랑캐까지 막아내야 하는 입장이었다. 당시 중국인들은 바지를 오랑캐나 입는 상스러운 옷이라고 무시했다. 그런데 북방 초원지대의 오랑캐들은 바지를 입고 말 위에서 활을 쏘며 쳐들어와 식량을 약탈하고 마을을 파괴했다. 오랑캐의 기병대 앞에 치마 같은 옷을 입은 조나라

보병들이 속수무책으로 당할 수밖에 없었다. 조나라 기병대가 바지를 입지 않는 한 오랑캐를 이길 수 없었다. 이 사실을 알게 된 조나라 무령왕은 자신이 먼저 바지로 만든 오랑캐 옷을 입고 기병대를 창설한다.

"나는 조상의 전통과 백성을 수호해야 할 책임이 있다. 우리 땅에서 오랑캐를 쫓아내기 위해서라면 내가 먼저 흉노족의 바지를 입겠다. 모두가 비웃더라도 어쩔 수 없다. 우리 군사도 바지를 입고 말을 타며 활을 쏘는 기술을 익혀 반드시 오랑캐를 무찔러야 한다."

그는 조상대대로 내려온 전통을 하루아침에 끊어버린다. 오랑캐처럼 바지를 입은 무령왕은 앞장서서 기병대를 끌고 나가 오랑캐와 싸웠다. 그는 그때부터 북방민족을 몰아내고 거대한 영토를 확보했다. 그 뒤 무령왕의 정책을 조롱했던 다른 제후국 왕들이 너도나도 바지를 입고 속속 기마부대를 창설했다.

리더는 항상 정보를 왜곡당하지 않도록 주의해야 한다. 측근들이 가공해주는 정보에만 의지하면, 특근들의 이익을 위해서 복무하게 된다. 스스로 인터넷이나 신문, 책 등 측근들이 요약해준 정보와 다른 소식을 살펴보아야 한다. 조선시대 왕들이 잠행을 하고 신문고를 설치한 이유도 정확한 정보를 얻기 위해서였다. 리더는 언제나 다양한 정보를 수집하고 우선순위를 정한 다음 결단력 있게 행동해야 한다. 조나라 무령왕이 그렇게 하여 나라를 구했다.

리더의 2인자로 사는 것도 큰 용기이다

1인자는 되기도 힘들고 1인자로 오래 성공하기는 더더욱 힘들다. 2인자들, 측근 그룹은 1인자보다는 수가 많고 그늘에 머무를 용기만 있다면 1인자보다 훨씬 안온한 삶을 살 수 있다. 로마의 카이사르와 폼페이우스는 역사적 라이벌이었다. 둘은 삼두정치를 함께했을 뿐 아니라, 장인과 사위 관계였다. 폼페이우스는 카이사르의 딸을 아내로 삼았다. 그렇게 가까웠던 두 사람이 권력다툼으로 멀어졌다. 카이사르는 알프스를 넘어 갈리아(현재 프랑스)를 점령하고 나아가 브리타니아(현재 영국)까지 점령했다. 로마의 원로원은 점차 커져가는 카이사르를 견제하고자 했다.

카이사르는 이미 속주(屬州)의 시민도 로마 시민과 같은 대우를 받도록 하는 시민법을 통과시켜 원로원파의 원성을 샀다. 원로원파는 폼페이우스를 부추겨 카이사르와 대결하도록 만든다. 카이사르는 군대를 이끌고는 넘을 수 없다는 법을 어기고 루비콘 강을 건너 로마로 들어와 내전을 벌여 폼페이우스를 이긴다. 전투에 패한 폼페이우스는 이집트로 도망갔지만 부하의 손에 살해당한다. 그 이듬해 카이사르도 친아들처럼 여겼던 브루투스에게 목숨을 잃는다.

그렇게 로마 최고의 영웅인 카이사르가 쉰다섯의 나이로 세상을 떴다. 브루투스의 어머니 세르빌리우스는 카이사르의 애인이었다. 폼페이우스가 카이사르의 영원한 2인자로 남기를 결심했다면 카이사르와 폼페이우스도 천수(天壽)를 누렸을 것이고, 로마의 역사도 많이 달라졌을 것이다. 그러나 기왕이면 킹메이커보다는 킹이 되고 싶은 사람이 더 많은 것이 현실이다. 킹이 되려는 권력욕을 자제할 수 있다면, 킹의 협력자 역할로 만족할 수만 있다면, 2인자로서 충분히 성공할 수 있다.

2인자는 당대의 업적을 자신의 이름으로 기록할 수는 없지만 역사의 형성 과정을 깊이 지켜보며 유·무형의 개입을 하는 즐거움도 있다. 1인자가 2인자보다 모든 면에서 탁월하지는 않다. 이 진리를 잘 아는 1인자를 만나는 2인자는 행운이 있는 사람이다. 전두환 전 대통령은 자신이 잘 모르는 분야를 잘할 수 있는 사람을 선별하는 데 탁월했다.

그는 경제기획원 실장으로 있다가 밀려난 김재익을 불러 경제수석을 맡겼다.

"경제는 난 잘 몰라, 그 분야는 당신이 대통령이야."

만약 개인이 1인자가 되고 싶은 욕망보다 비전을 성취하고 싶은 욕망이 더 크다면, 그 비전을 더 잘 성취해줄 사람이 나타났다면, 2인자로 남는 것도 대단히 용기 있는 선택이다. 또한 실패한 1인자가 되는 것보다 성공한 2인자로 남는 것이 더 낫다.

한나라를 건국한 유방(劉邦, BC 247~BC 195)이 어느 날 한신(韓信)에게 물었다.

"장군, 그대가 보기에 나는 얼마 정도의 군사를 거느릴 수 있다고 보는가?"

"십만 정도입니다."

유방이 약간 불쾌한 얼굴빛으로 다시 물었다.

"그러면 장군은 어떻소?"

"저는 많을수록 좋습니다."

여기서 다다익선(多多益善)이라는 사자성어가 나왔다

"그렇다면 그대는 수백만 대군도 거느릴 능력을 지녔으면서도 왜 내 밑에서 신하 노릇을 하는가?"

노기에 가득한 유방의 추궁에 한신이 차분하게 대답했다.

"그야 당연합니다. 왕께서는 장수를 거느리시는 분이고, 저는 병사들을 통솔하는 사람입니다."

왕은 장병을 다스리는 장수와 달리 그 장수들을 잘 다스릴 능력이 있어야 한다. 왕이 천하의 인재가 될 필요는 없다. 그 대신 천하의 인재를 관리할 능력을 갖추어야 한다.

저우언라이(周恩來, 1898~1976)는 마오쩌둥보다 탁월한 면이 많았다. 마오쩌둥은 가난한 농부의 아들로 자랐으나 그는 귀족 가문에서 태어나 일본으로 유학할 당시 일본에 널리 퍼졌던 유럽의 혁명 사상에 심취했다.

저우언라이(周恩來)와 마오쩌둥(오른쪽)

그 무렵 마오쩌둥은 공산당 지도자들에게 인정받지 못하고 당을 깨고 나와 고향 후난으로 내려가 농민들을 규합하고 있었다. 무엇으로 보나 저우언라이가 마오쩌둥보다 한수 위였다. 그러나 저우언라이는 낙향한 마오쩌둥에게서 대륙을 흔들 지도자의 광기를 보았다. 마오쩌둥이야말로 자신의 목표를 성취해줄 사람으로 확신했다. 충동적인 마오쩌둥이 큰 틀을 짜면 세부 내용을 자신이 침착하게 채워 넣었다.

2인자로 성공하는 것이 1인자로 성공하기보다 더 어렵다. 무엇보다 2인자의 비전이 언제나 1인자의 비전에 맞춰져 있어야 하고 또한 1인자가 변덕을 부리지 않도록 처신해야 한다. 2인자가 역사의 호감을 받으려면 일단 저우언라이처럼 역사적 평가를 받을 만한 1인자를 찾아내야 한다. 단지 1인자 뒤에서 권모술수로 권력을 농단하기 위해 2인자 노릇을 하는 경우, 한(漢)나라 영제 때의 십상시, 신라 진성여왕 때의 각간 위홍, 고려 말기의 이인임, 조선 연산군 때의 임사홍, 이승만 정권의 이기붕, 오늘날 박근혜 정부의 김기춘처럼 되고 만다.

저우언라이는 역사상 보기 드물게 성공한 2인자였다. 마오쩌둥과 자신의 비전이 맞았다. 그리고 어떤 경우에도 마오쩌둥이 자신에게서 위협을 느끼지 않도록 처신했다. 그는 언제나 자신이 마오쩌둥의 그늘에 묻히는 것을 당연하게 받아들였다. 저우언라이가 죽던 날 100만 인파가 모여 추모했다. 처음과 달리 권력을 누리면서 차츰 포악해졌던 마오쩌둥도 말없이 울고 있었다. 인민들에게 마오쩌둥보다 더 사랑받던 리더가 2인자 저우언라이다.

닉슨이 두 리더를 이렇게 평가했다.

"혁명의 불은 마오쩌둥이 붙였다. 하지만 그 불이 재가 되지 않고 활활 타게 한 사람은 저우언라이였다."

저우언라이는 자신의 꿈이 이뤄지는 조건하에 영원한 2인자로 남기를 원했다.

조지 마셜 또한 영광의 1인자보다는 조용한 2인자로 살았다. 그는 루스벨트 아래서 육군참모총장을 지냈고, 트루먼 대통령 때는 국무장관과 국방장관을 역임했다. 국무장관 당시 유럽부흥계획(European Recovery Program)인 마셜플랜을 세웠고 그 공로로 노벨평화상을 받았다. 그가 내세운 리더십의 첫 번째 원칙이 '정당한 일을 하라.'였다. 그는 은퇴 후 거액의 제안을 받고도 회고록 집필을 거절했다. 자신이 모셨던 1인자들에게 실례가 될까봐서. 그렇게 2인자의 삶을 산 마셜을 처칠, 트루먼, 아이젠하워는 최고의 리더라고 감탄했다. 이런 원칙을 가진 2인자는 성공할 수밖에 없고 또한 이런 2인자를 두려면 먼저 1인자가 올바른 일을 하려는 원칙이 서 있어야 한다. 그렇지 않으면 모략에 능한 간신배들에게 둘러싸이게 된다.

리더십을 완성하는 궁극의 힘, 지구력

용기가 일을 시작하는 힘이라면 그 일을 마무리하는 것은 지구력이다. 지구력이 없으면 어려운 일을 견디지 못하고, 더 나은 미래로 나아가지 못한다. 창의력의 원친인 모험심도 사라져 현실안주형 기능주의에 빠진다. 장기적으로 지구력이 영리함을 이긴다. 책 상머리에서 익힌 리더십만으로는 현장의 어려움에 부딪쳤을 때 극복하려 애쓰다가 포기하는 경우가 생긴다. 리더십을 개념적으로만 이해해서는, 예측 불가능한 상황에서 리더십을 발휘해 인내하기가 쉽지 않다.

리더십 학자 존 가드너(John W. Gardner)는 리더의 자질을 내적 특질과 외적 특질로 분류했다. 내적으로 건강과 지성, 업무 열정, 용기와 지구력을 갖추어야 하고 외적으로 동기부여 능력 그리고 조직을 이해하고 단결시키는 용병술, 목표를 비전화하여 설명하는 능력, 단호함이 있어야 한다. 위의 항목 하나하나가 다 중요하지만 그중 첫째가는 자질은 '지구력'이다.

"사람들에게 '가장 중요한 리더의 자질이 무엇이냐' 물어보면 지구력이라고는 대답하는 사람은 많지 않다. 그러나 리더의 결정적 자질은 바로 지구력이다. 끝까지 버티는 능력이 없으면 어떤 능력이나 자질도 소용이 없다."

지구력의 대명사라면 마오쩌둥의 영원한 2인자인 저우언라이와 덩샤오핑을 꼽는다. 그들은 1965년 문화혁명 당시 최대의 치욕을 견뎌내야 했는데, 높아가는 저우언라이의 인기를 의식한 마오쩌둥이 철저한 굴종을 요구했기 때문이다. 마오쩌둥의 부인 장칭(江青)이나 군부 실세 린뱌오(林彪)는 저우언라이를 노예처럼 다루었다. 이때 그는 삼불(三不)을 가슴에 새기며 버텨냈다.

"쓰러지지도 않고(不到), 달아나지도 않고(不走), 죽지도 않겠다(不死)."

당시 덩샤오핑도 홍위병들로부터 '반모 주자파'로 몰려 공개적으로 비판을 당하고 육체 노동자로 지냈다. 그런 덩샤오핑을 1973년 저우언라이가 국무원 부총리직에 복위하도록 도와준다. 그 뒤 1976년 총리서리까지 되었지만 1976년 1월 8일 저우언라이가 사망하고 4월 5일 천안문 사태가 발생했을 때, 4인방 - 장칭(江青), 왕홍원(王洪文), 장춘차오(張春橋), 야오원위안(姚文元) - 에 의해 배후 인물로 지목되어 모든 직위에서 파면되고 가택연금까지 당했다. 같은 해 9월 9일 마오쩌둥까지 사망하자, 마오쩌둥의 등 뒤에서 호가호위하던 4인방은 새로운 주석 화궈펑(華國鋒)에게 체포된다. 덩샤오핑도 화궈펑에게 충성 편지를 두 차례나 보내고 나서야 원래의 직위를 회복할 수 있었다. 덩샤오핑은 이후 5년간 화궈펑과 치열한 권력투쟁을 벌여 최고 실권을 장악한다.

그는 1989년 6월 4일 천안문 민주화운동이 발발하자 무자비하게 무력으로 진압한다. 천안문 사태 이후 중국공산당이 결국 개혁개방을 포기하리라는 우려가 커졌다. 이를 불식시키는 동시에 공산당 체제를 유지해야 하는 압력에 직면하여 덩샤오핑은 또다시 실각의 위기를 맞는다. 그는 이 위기를 중국의 남부지방을 순회하는 남순강화를 통해 바닥의 민심을 추스르며 넘겼다. 이때 그는 현대 중국의 기틀을 세운다. 덩샤오핑은 정치적으로 세 번이나 실각했지만 다시 재기했고, 일곱 차례의 암살 위기를 모면했다. 또한 심한 장티푸스에 걸려 두 번이나 사경을 헤맸다. 이 같은 역경을 이겨낸 리더 덩샤오핑에게 부도옹(不倒翁 : 오뚝이)이라는 닉네임이 붙는 것은 당연했다.

그는 평소에도 묵묵히 자기 맡은 일에 열중하는 타입으로 드러

내놓고 권력 다툼을 하거나 주제넘은 위세를 부리지 않고 온화하며 절도 있게 예의를 지켰다. 강인한 지구력을 지닌 덩샤오핑인지라 공산당에 입당한 뒤, 번거롭고 업무량이 많은 비서 역할을 주로 맡았다. 덩샤오핑처럼 쓰러져도 다시 일어나는 오뚝이 같은 지구력을 가진 리더를 당할 자가 누구랴?

덩샤오핑 다음 장쩌민(江澤民) 주석. 그리고 다음으로 후진타오(胡錦濤) 주석이 중국을 이끌었다. 후진타오의 지구력이 리더 덩샤오핑을 제일 많이 닮았다. 후진타오는 주석에 취임한 이후도 전임 장쩌민 주석의 보이지 않는 섭정(攝政)에 시달렸으나 전혀 내색하지 않았다. 후진타오는 장쩌민의 얼굴마담에 불과하다는 소리까지 들었다. 그러면서도 장쩌민의 수하들과 맞붙어 싸우는 대신 서서히 세력을 확장해 자신의 경호실장이던 장쩌민의 최측근인 유시구이(由喜貴)를 교체함으로써 결정적으로 친정 체제를 구축했다.

그리고 2012년 권력 이양이라는 새로운 선례를 남겼다. 후진타오는 시진핑에게 당권과 군권을 물려주며 은퇴했다. 서방 언론과 타이완 언론까지 중국 지도자가 솔선수범하며 모든 권력을 동시에 내려놓고 퇴장하는 새로운 발자취를 남겼다고 칭찬했다.

지구력은 참고 견디는 힘이다. 지구력 있는 사람들은 자신이 이루려는 목적을 위해 역경을 견디고, 수치를 견디고, 아픔을 견딘다. 이처럼 환경에 지배되지 않고 목적에 이끌려 자아통제력을 발휘하는 것이 지구력이다. 지구력이 없는 사람은 리더가 될 자격이 없다. 리더의 지구력은 책임 있는 행동의 원천이며 조직의 안정적인 분위기를 조성하는 기본이다.

'인내의 리더'라고 하면 손꼽히는 자가 일본의 도쿠가와 이에야스(德川家康, 1541~1616)이다. 그는 일본을 통일하고 200년 에도 막부를 세웠다. 그러기까지 지략의 천재 도요토미 히데요시(豊臣秀吉, 1536~1598) 아래서 오랫동안 치욕을 참으며 2인자로 지냈다.

도쿠가와 이에야스(德川家康)

그는 도요토미가 죽고 환갑이 넘은 나이에 1인자가 되었다. 도요토미 히데요시는 도쿠가와 이에야스의 세력이 너무 커지지 않도록 늘 경계하며 배척했다. 도요토미는 이에야스를 동부의 미개척지인 에도(도쿄)로 가도록 명령했다. 1592년 도요토미 히데요시가 임진왜란을 일으키자 도쿠가와는 영지의 치안 문제, 황무지 개간 등 여러 이유를 들어 전쟁에 참여하지 않았다. 전쟁에 참여한 다른 다이묘들이 막대한 전쟁 비용으로 곤경에 처했지만 도쿠가와는 영지를 더욱 굳건하게 다졌다. 그리고 정유재란이 한창이던 1598년 7월 도요토미 히데요시가 병사하고 어린 아들 도요토미 히데요리가 집권했다. 이때부터 도쿠가와 이에야스는 노골적으로 세력 확대에 나서 천하를 손에 넣었다. 오직 끈기와 숙고로 2인자에서 1인자로 올라선 뒤 그는 다음과 같은 유훈을 남겼다.

"짐 지고 먼 길을 가는 것이 인생이거늘 결코 서두를 필요 없다. 부자유와 인내를 벗으로 삼으면 부족할 것 없이 무사장구(無事長久)하리라."

어떤 위대한 리더도 첫 출발은 다른 리더를 모방한다. 모방도 하나의 예술이듯 궁극적으로 성공한 리더로 안내해줄 상징적 리더를 설정하면서부터 리더의 생활은 시작된다.

레닌을 따랐던 볼셰비키 리더들은 레닌의 글씨까지 흉내 낼 만큼 레닌을 추종했다. 월트 디즈니사의 직원들도 디즈니처럼 항상 빨간 펜으로 메모를 했다. 이렇듯 존경받는 리더는 조직원들에게 모방의 대상이다. 그렇다고 처음부터 모방 대상이 될 만큼 존경받는 리더는 없다. 그런 리더가 되려면 리더로서 확고한 자리매김이 이루어질 때까지, 우선 자신이 추구하는 상징성을 지닌 모델을 디딤돌로 활용해야 한다.

업계에서도 후발 기업이 시장에 진입할 때 선두 기업과의 격차를 줄이기 위해 모방 전략(second but better)을 사용한다. 스포츠도 마찬가지이다. 국내 선수들이 각종 세계 리그에 진출하며 세계적 선수들의 개인기를 모방할 기회를 갖는다. 그러나 모방 전략은 어디까지나 차별화 지향의 계기임을 잊지 말아야 한다.

무명 연예인 중에 유명 연예인을 모방해 성공한 사람들이 있다.

그러나 모방은 나의 포지션 확보를 위한 방편에 그쳐야 한다. 자리를 잡으면 본격적으로 자신만의 정체성을 창조하고 발휘해야 한다. 그렇지 않으면 추종자 습관이 몸에 배어 영원히 아류로 남을 수밖에 없다. 그래서 상징 모델을 선정할 때 한 사람에게만 너무 집중하지 말라. 자신의 비전과 흡사한 업적을 세웠던 여러 사람을 선정하는 것이 바람직하다. 자신이 따라갈 상징 모델로 한 명만 정했을 경우, 매사가 그와 비교되고 결국 그 상징 인물의 프레임에 갇히게 된다.

역사상 위대한 리더의 반열에 오른 사람들의 대원칙은 사람을 추종하는 것이 아니라 가치를 추구하는 것이었다. 자신이 내거는 가치와 근접한 지도자들 중에 대중의 열렬한 성원을 받고 뚜렷한 공적을 남긴 인물을 서너 명 상징 모델로 삼아야 한다. 오바마는 세 명을 상징 모델로 삼았는데 링컨과 킹 목사와 케네디였다. 세 명의 비전과 오바마의 비전이 대동소이했다. 어떤 인물들을 나의 이미지를 드러내는 상징 모델로 삼을 때, 내가 누구의 후계자라고 말로 하기보다 그 모델과 비슷한 궤적을 밟는 모습을 보여주어야 한다. 구체적인 말로 직접 비교하는 것보다 흡사한 행동의 간접 비교를 통해 사람들이 더 호응하게 된다. 그렇게 하는 것이 그 사람을 신뢰할 만하고 진중해 보이게 한다.

오바마는 링컨의 땅 일리노이 주 의사당 앞에서 대통령 출마를 선언했다. 그 자리는 링컨이 '분열의 집'이라는 제목으로 노예 제도를 반대하는 유명한 연설을 했던 곳이다. 또한 오바마는 케네디가 자신보다 40년 전에 스페인어로 "시, 세 푸에데(Si, se puede)", 즉

"우리는 할 수 있다(Yes, we can)"를 외쳤듯이, 가는 곳마다 똑같은 슬로건을 외쳤다. 거기에 더하여 전당대회에 케네디의 막냇동생이 나와 지지연설을 하도록 했다. 이런 과정을 거쳐 오바마는 자연스레 '검은 케네디'로 비유되었다.

대통령 후보 수락은 킹 목사가 워싱턴광장에서 "나에겐 꿈이 있다(I Have a Dream)"는 연설을 했던 45주년 기념일로 잡았다. 그 날 오바마는 킹 목사처럼 '꿈과 변화'를 이야기했다. 이런 과정을 통해 오바마는 링컨, 케네디와 킹 목사를 흠모하는 대중들의 눈이 자신에게 쏠리게 만들었다. 자신을 상징하는 모델과 이미지를 비슷하게 하려고 외모를 흉내 내면 실패한다.

한때 유력한 모 대선 후보가 박정희 전 대통령을 상기시킨다며 외모를 비슷하게 했으나 실패했다. 그런 외적 모양보다는 내적으로 일치된 메시지를 가지고, 오바마처럼 상징 모델들의 기념비적인 장소와 이벤트를 활용하는 편이 낫다. 상징 모델을 통해 리더가 되려면 우선 메시지의 내용과 그 모델들이 추구한 방향이 같아야 한다.

결과에 집중하는 용기

미국의 국난을 극복한 세 지도자로 프랭클린 루스벨트, 레이건 (Ronald Wilson Reagan, 1911~2004), 케네디(John F. Kennedy, 1917~1963)가 있다.

루스벨트는 대공황과 제2차 세계대전이라는 위기를 극복했다. 그는 대통령에 취임한 뒤 즉시 불황 극복을 위한 해결책을 담은 주요 법안 15개를 의회에서 통과시켰다. 레이건도 역시 레이건 혁명이라 불리는 개혁 솔루션을 취임 1년 이내에 해결했다.

케네디는 핵전쟁의 위기를 극복했다. 당시 미소 양국의 패권다툼으로 세계가 양분된 냉전 상태였다. 미국의 안마당인 쿠바에서 피델 카스트로가 혁명을 일으켜 친미 정권을 무너뜨리고 친소 정권이 들어섰다. 소련의 흐루시초프(Nikita Sergeyevich Khrushchov, 1894~1971)는 친소 정권이 들어선 쿠바에 미사일 기지를 건설하기 시작했다.

1962년 10월 케네디는 중단거리 핵미사일을 배치 중인 위성사진을 보고받는다. 소련은 이미 동독에도 소련군을 증파한 뒤 핵실험을 재개하고 있었다. 케네디는 흐루시초프에게 미사일 기지를 철거하라고 요구하며, 쿠바 해안에 소련 군함이 들어가지 못하도록 봉쇄조치를 내렸다. 그날부터 미국과 소련이 대치하는 바람에 전 세계가 13일 동안 핵전쟁의 공포에 떨어야 했다.

쿠바 해안을 봉쇄한 케네디는 쿠바로 들어오는 소련 배들을 모두 수색할 것이며, 거부하면 침몰시키겠다고 강경하게 선언했다. 만일 소련이 이를 무시할 경우 제3차 세계대전이 터질 상황이었다. 결국 흐루시초프가 완강한 케네디에게 굴복했다.

"쿠바의 미사일 기지 건설을 포기하고 핵 대결을 중단하겠다."

10개월 뒤 미국과 소련은 핵실험 금지조약에 서명한다. 구체적으로 행동하며, 대담한 해법을 내놓은 케네디는 '박력이 넘치는 대통

소련의 쿠바 미사일 배치로 촉발된 세계 핵전쟁 위기의 13일(케네디기념도서관 특별 전시, 2013)

령', '소련을 굴복시킨 새파란 대통령'으로 엄청난 인기를 누렸다.

리더는 결국 업적으로 평가받는다. 과정도 결과를 위한 것이며, 설득도 좋은 결과를 위한 방편이다. 리더가 지나치게 결과지상주의에 빠져서는 안 되지만, 결과 없는 과정이란 아무리 아름다워도 허무하다. 조직원의 지속적 사기 진작도 결과에 대한 기대가 클 때 배가된다. 리더는 엔터테이너도 아니고 계모임의 계주도 아니다.

리더의 역량은 내적인 실력이 아니라 비전의 성취에 의해 판가름 난다. 자유방임주의가 횡행하던 시절 루스벨트는 사회주의자라는 비난을 감수하고 뉴딜(New Deal)정책을 폈다. 정부가 시장에 개입해 수많은 일자리를 창출하면서 공황은 끝났다. 루스벨트는 기존의 원칙을 바꾸는 데 주저하지 않았고 더 나은 결과를 만들기 위해 비난도 감수했던 것이다. 결과를 계산하지 않은 원칙은 재앙이다. 조직의 현실과 미래에 대해 책임감이 있는 리더라면 원칙에 경도된 채 결과를 바라보지 말고 결과를 통해 원칙을 유연하게 재정립해야 한다.

1911년 10월 20일, 아문센(Roal Amundsen, 1872~1928)의 탐험대 5명은 52마리의 개가 이끄는 썰매를 타고 기지를 출발했다. 썰매는 평균 30km로 달렸다. 사흘째 되던 날 눈보라가 심하게 몰아쳐 더 이상 달리지 못하고 한 발 한 발 전진했다. 빙하의 갈라진 틈으로 대원이 빠지는 등의 사고를 겪으며 20일을 나아갔다. 그곳에서 남극점으로 가려면 험한 빙산을 기어 올라가야 했다. 3천 미터가 넘는 빙산이 즐비했고, 각 산봉우리마다 어마어마한 얼음 덩어리가 계곡 아래로 흘러내려 가고 있었다.

드디어 11월 18일 탐험대는 빙산을 향해 나아갔다. 험한 빙산을 오를 때는 썰매를 한 대씩 모든 개에 매고 차례로 끌어올렸다. 대원들은 지친 개들이 좀처럼 앞으로 나아가지 않자 채찍을 휘두르고 소리를 질렀다. 아문센은 험한 산길을 달려주는 개를 소중하게 여겼으나 남극점에 다다르기 위해서는 어쩔 수 없었다. 대원들이 서로 격려하고 개들도 달래면서 겨우 빙산 하나를 넘어섰는데, 산 아래 벌판 저 너머에 또 다른 높은 빙산이 버티고 있었다. 서로 용기를 북돋우며 빙산을 넘고 앞으로 나가다가 마지막 고원에 당도하여 텐트를 쳤다. 텐트 속에서 휴식을 취하던 대원들 간에 다툼이 일어났다. 쇠약해 질대로 쇠약해진 개를 전부 끌고 갈 수 없다는 사람과 그래도 끝까지 데리고 가야 한다는 사람으로 나뉘어져 있었다.

"더 이상 모든 개를 끌고 갈 수 없어."

"그럼, 개를 죽일 거야?"

"식량도 없는데, 모든 개를 끌고 가면서 괴롭히는 것보다 죽이는 것이 낫지."

"함께 고생한 개를 죽이는 데 난 반대야."

"대장에게 맡기자."

로알 아문센(Roald Amundsen)

아문센은 아무 말도 할 수 없었다. 자신만큼이나 소중한 개들을 어떻게 해야 하는가? 한동안 생각에 잠겼던 아문센은 일어나서 총을 들고 18마리의 개만 남기고 나머지는 쏘아 죽였다.

아문센은 총구에서 연기가 다 가시도록 눈물을 흘리며 그 자리에 말없이 서 있었다. 기지에서 출발한 지 56일째 되는 12월 14일 오후에 아문센 일행은 남극점에 도달했다.

아문센은 인류 역사상 누구도 밟아보지 못한 그곳에 노르웨이의 국기를 꽂았다. 세상일이란 누이 좋고 매부 좋은 식으로 두루두루 좋게 넘어가서는 좋은 결과가 나오기 쉽지 않다. 리더는 결과에 집중하고 포용의 기준을 정해야 성과를 거둔다. 결과에 비추어 원칙을 개정하지 않는 조직은 성과를 낼 수가 없다.

리더보다 조직에 좋은 결과를 내기 위한 원칙의 수정 기준

- 수정 원칙은 조직의 비전과 일치하는가?
- 수정 원칙은 추종자 다수에게 유익한가?
- 수정 원칙을 지킨 뒤에 나타나는 변화는 조직의 목적과 상응한가?
- 수정 원칙은 구체적이며 명료하고 누구나 이해가 가능한가?
- 수정 원칙이 단기적으로 유리한가, 장기적 성과에 유리한가?
- 장·단기적 성과 모두에 유리한 또 다른 원칙은 없는가?
- 이 원칙을 지켜나갈 주도적 힘은 가지고 있는가?
- 이 원칙에 따르는 재정적·인적 자원은 충분한가?
- 이 원칙은 시의적절한가?

Winning
Leadership

권력이
순환하는가

– 임파워먼트 리더십

귀뚜라미 여러 마리를 한 곳에 모아놓으면 처음에는 불협화음을 내다가 곧 서로의 소리에 감응하여 천상의 화음을 낸다. 각기 다른 곳에서 데려다놓은 반딧불이도 처음에 불규칙하게 불을 밝히다가 시간이 지나면 함께 불을 켰다가 껐다가 한다.

지구 역사상 경박단소(輕薄短小)가 중후장대(重厚長大)보다 힘을 가지는 최초의 시대가 열렸다. 조직 경영에서 정보의 공정한 배분에 따른 임파워먼트(empowerment)가 필수인 시대이다. 권력을 부여한다는 뜻의 임파워먼트가 조직 관리에 도입된 배경은 다음과 같다. 위계질서 사회에서 네트워크형 사회가 되면서 조직원들을 보는 시각이 변했다. 통치하고 관리해야 할 '약점들'을 지닌 대상으로 보기보다 구현해야 할 여러 가지 '강점'을 지닌 존재로 보게 된 것이다.

조직의 성패가 봉건 시대처럼 리더 한 사람의 능력에 크게 의존하는 시대가 아니라, 조직원들의 강점을 얼마나 적극 활용하느냐에 따라 결정되고 있다. 그렇기 때문에 임파워먼트에 서툰 조직의 리더는 고난 받는 메시아처럼 혼자 모든 짐을 지고 죽고 만다. 반면 임파워먼트가 잘된 조직은 여유가 있으면서도 성과를 낸다. 임파워먼트를 하면 의사결정 권한을 위임받은 개별 구성원들이 자신의 재능과 기술 등 모든 능력을 최대한 발휘하려고 노력한다.

리더의 권한(權限, Right)은 권위(權威, authority)와 권력(權力, power)인데 그 가운데 권력을 나누는 것이 임파워먼트이다. 왜 그럴까? 리더는 인력을 활용하고 개인의 능력을 최대한 사용하기 위해 권력을 나누어주는 것이다. 조직원들 속에 내재된, 또는 잠재된 능력을 꺼내는 수단이 임파워먼트이다.

임파워먼트를 하지 않을 때 리더가 권력 남용에 빠질 수 있다. 리더는 권위에 의해 조직을 이끄는 것이지 권력만으로는 조직을 오래 지탱할 수 없다. 권위는 내적 승복이고 권력은 외적 강제력이다. 아무런 공식 직함도 없는 간디가 대영제국을 이길 수 있었던 것도 내적 권위를 지녔기 때문이다. 임파워먼트는 조직원들에게 업무를 완수하는 데 필요한 힘을 주고, 더불어 효과적으로 업무가 수행되도록 정보와 자원을 제공한다. 여기서 그치면 방임 상태가 된다. 리더는 권력을 부여받은 조직원들이 일하는 과정에서 수시로 권위 있는 피드백을 해주어야 한다. 즉 성과를 칭찬하고 실수를 허용하되 개선의 기회도 제공해야 한다.

그러나 너무 주위를 맴돌지 말고 스스로 해나가도록 조용히 지켜보며 분위기가 정체되었을 때, 근거 있는 낙관론으로 긍정적 반응을 보여주어야 한다. 그러면 업무를 위임받은 사람이 자신의 역량을 마음껏 발휘할 수 있다. 물론 임파워먼트 이전에 리더가 할 일이 있다. 각각의 업무에 적합한 사람들을 신중하게 선택하고 누가 봐도 공평한 방식으로 권력을 위임하는 것이다. 권력을 위임할 때에도 리더가 무엇을 기대하는지를 구체적으로 알려준다.

임파워먼트의 성패는 위의 과정이 얼마나 잘 지켜지느냐에 달려 있다. 임파워먼트 리더십의 질은 책상머리의 학습(desk skill)뿐 아니라 현장에서의 체험학습(social skill)의 정도와 진지성에 따라 결정된다. 우상처럼 조직원들과 멀리 분리된 리더는 잠시 성공하더라도 위대한 인물은 될 수 없다. 위대한 리더는 항상 조직원들 곁에 함께하는 사람이다.

리더십을 극대화하는 감응(感應)

사회 곳곳에 정보 네트워크가 확장될수록 감응의 가치가 상승한다. 조직에 뛰어난 인재가 돌출하는 것보다 조직원이 서로 감응해 업무의 오케스트라를 연출해내는 것이 더 중요하다. 커뮤니케이션이 의식적이라면 감응은 엄마와 아이 그리고 연인 사이처럼 훨씬 더 무의식적이다. BC 120년경 한나라 초기에 유안(劉安)이 편찬한 《회남자(淮南子)》에서도 "통치자가 백성과 공명"해야 한다고 나오는데, 그렇게 하기 위해서는 감응의 리더십이 필요하다.

감응은 가시적 의사소통보다 더 나은 차원이 정신적 교감이다. 정신이 매개하는 특수한 소통방식의 감응을 통해서만 화이부동(和而不同)할 수 있다. 그렇지 않으면 의견이 다를 때마다 분열하게 된다. 왜 조직이 리더에게 권력과 권위로 구성된 막강한 권한을 주었을까? 조직의 성과를 내기 위해서다. 성과는 조직 내에 서로 다른 의견이 있고, 설령 심한 다툼이 있더라도, 하나의 목표를 향해 힘을 합칠 줄 아는 조직이 되어야 가능하다.

　독재형 리더는 권력은 주지 않은 채 성과를 강조하고, 방임형 리더는 권력도 행사하지 않고 방치한 채 낮은 성과에만 초조해한다. 둘 다 감응의 리더십과는 거리가 멀다. 권력은 늘 도전받는다. 권력을 지키려는 자와 획득하려는 자 사이에 쉼 없는 긴장이 일어난다. 권력 게임이 가장 치열한 조직은 전부 아니면 전무를 추구하는 독재형 리더십이 발휘되는 곳이다. 바람 잘 날 없는 집안싸움에 살림이 탕진되는 것처럼 조직이 권력싸움에 몰두할 경우 조직도 허물어진다.

　조직이 권력싸움의 장이 되지 않기 위해서는 조직 내에 민주적인 리더십이 정착되어야 한다. 민주적 리더는 권력을 움켜쥐나, 위세용으로 보지 않고, 권력이란 끊임없이 상호 교류되어야 한다고 여긴다. 이런 민주적 리더에게서 감응의 리더십이 나타난다. 조직의 시스템이 민주적이라도 리더가 지지자들과 감응할 줄 모른다면 독단적인 리더십을 행사하게 된다. 리더가 페어플레이를 하지 않고 술수를 동원하려 할 때 독단적 리더십이 나타난다.

　리처드 닉슨(Richard M. Nixon)은 미국 역대 대통령 가운데 가장 지지율이 낮았다. 늘 적에게 포위되어 있다는 강박관념으로 자신과 주변 사람들 심지어 국민들까지 불안하게 만들었고 국민이나 참모들과 감응하지 못했다. 1960년 민주당의 케네디 후보에게 패한 뒤 1968년 다시 도전한 대선에서, 정치적으로 민감한 현안들에 대해 '통합이 중요하다'며 두루뭉술한 답변으로 일관했다. 당시 최대 쟁점인 베트남전에 대해서는 중도적인 입장을 표명했다.

이 전략이 먹혀 베트남전에 지친 미국인들이 닉슨을 선택했으나, 그 대가로 닉슨의 불안증에 온 국민이 시달려야 했다. 1972년 6월 민주당 사무실이 있는 워터게이트 빌딩에 닉슨 대통령의 재선을 위한 비밀 공작반이 도청 장치를 설치하려다 발각됐다. 닉슨은 사전에 알고 있었으면서도 공모 사실을 부인했다.

"난 사기꾼이 아니요(I am not a crook)."라고 항변했으나, 집무실에서 "국가 안보 문제인 워터게이트 사건에 연방수사국이 개입하지 못하게 하라."고 말하는 내용이 담긴 녹음이 발견되면서 닉슨의 개입이 드러났다. 닉슨은 시민들의 분노와 탄핵 압박에 밀려 1974년 8월 8일 대통령직에서 사임했다.

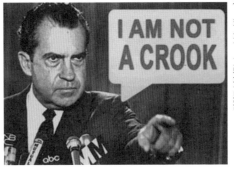

리처드 닉슨(Richard M. Nixon)

리더의 권한은 권력을 과시하는 것이 아니라 권위를 지키는 것이다. 민주형 리더는 권력과 권위를 분간할 줄 안다. 권력이 외적 강제력을 지녔다면 권위는 내적 승인이다. 권력과 권위를 이렇게 비교해보자. 부모로서 권력을 강조하는 사람은 사사건건 자녀에게 지시하고 훈계하고 규제한다. 부모로서 권위가 있다면 자녀가 스스로 알아서 행동하되 부모의 바람과 기대를 충분히 고려한다. 리더십이라는 측면에서는 권위와 품위가 비슷하지만, 품위가 단지 존중받는 상태라면, 권위는 품위에 덧붙여 실제적인 영향력을 끼친다. 그래서 권위 있는 학자, 권위 있는 스승이 아니라 권위 있는 리더가 필요한 것이다.

곤충의 세계에서는 리더가 없이도 귀뚜라미가 협연하고, 반딧불이가 일사불란하게 불을 켜고 끈다. 그러나 리더가 필요한 인간 사회에서는 리더의 역할은 무엇보다 조직원들의 공명(共鳴)을 이루어내야 한다. 그래야 공동체의 미래가 밝다.

권위는 지키되 권력은 순환한다

다원주의 사회에서 성공적인 리더십은 무엇일까? 권위는 지키되 권력은 순환시킬 줄 알아야 한다. 권력 순환의 전제조건은 의사소통을 충분히 해서 상호작용이 되는 조직 문화여야 한다. 이런 환경에서 리더와 각 부서 사이에 권력이 창조적이며 생산적으로 순환한다. 권위는 리더 개인의 몫이지만, 권력은 순환의 단위가 되어야 한다. 즉 유능한 리더란 권한 행사의 코디네이터들이다.

이들은 첫째, 자기 주변의 다양한 인물들과 끝없이 권력의 다자간 교환을 통해 원하는 수확을 얻어낸다. 두 번째, 각 부서별 이기주의와 현상유지를 극복하도록 부서들의 상호작용을 임파워먼트를 통해 충분히 조절한다. 세 번째, 하루하루의 결과와 분기별,

연도별 상황을 넘어 장기적 안목으로 조직 전체를 바라보고 가치 있는 비전과 희망을 심어준다.

리더의 권위가 권력의 교환과 순환 위에 세워진다면 독재자의 권세는 순종 위에 구축된다. 감독형 리더 아래의 사람들은 '난 단지 이곳의 일꾼일 뿐'이라는 마인드로 주어진 일만 처리한다. 권력을 독점하는 것보다 순환하는 것이 조직뿐 아니라 리더 자신의 미래에도 유리하다. 전체는 부분의 합보다 언제나 크다. 권력의 교환은 조직의 공명을 일으켜 개개인의 능력을 단순히 합친 것보다 훨씬 경쟁력 있게 만든다.

바이올린의 한 음이 소리 내면 다른 바이올린의 같은 음이 조용히 울린다. 같은 소리의 진폭이 빚어내는 현상이다. 같은 진동수에 공명하는 소리의 원리가 조직에도 적용된다. 조직의 경쟁력을 최대한 높이려면 조직을 힘으로 억누르는 현상유지의 논리를 깨야 한다. 오마하의 현인이라는 워런 버핏(Warren Buffet)은 투자의 귀재이면서 동시에 임파워먼트의 귀재였다. 그가 소유한 버크셔 해서웨이(Berkshire Hathaway)와 70여 계열사에는 직원이 30만 명이 넘는다. 버핏은 계열사들에 필요한 도움을 주기는 하지만, 회사에 엄청난 손실을 끼치지 않는 한 간섭(micromanage)하지는 않는다.

또 한 사람 임파워먼트의 대명사는 전두환 전 대통령이다. 전문가에게 확실하게 그 분야를 일임하되 주도권은 놓지 않았다. 잘 모르는 분야는 과외공부를 했으며, 정책의 일관성을 유지했다. 권력을 위임받은 부서가 늘 일사불란하지는 않았다. 내부적 논쟁을 지켜보다가 논란거리를 확실하게 매듭지었다. 일단 결론이 난 사안에 대해서는 두 목소리를 용납하지 않았다.

지속적인 권력은 리더만이 가질 수 있다. 권력의 교환은 리더가 목표달성을 위해 조직원들에게 순환 분배하는 것이다. 따라서 조직원 간의 권력 교환을 통해 조직의 공명화가 일어나야 한다. 다시 강조하자면 현명한 리더는 권한의 위임이 아니라 자신의 권력을 조직원들 사이에 교환시킨다.

그렇다면, 왜 권력의 양도가 아니라 교환일까?

리더의 권력은 인사, 재정, 외교 등 다양하다. 권력의 순환을 통해 이런 다양한 권력을 적합한 사람에게 나누어주어 전체적인 성과를 거두는 것이다. 권력을 주고 그 성과에 따라 위임한 권력을 계속 유지시키든지 아니면 다른 권력으로 대체시킨다. 힘을 실어주는 임파워먼트와 권력을 회수하는 디스임파워먼트(disempowerment)를 리더가 적절히 사용할 줄 알아야 부서별 또는 전문직의 독재가 발생하지 않는다.

민주적 리더는 어떤 구성원이 평소와 달리 색다른 잠재력을 보일 경우 거기에 맞는 권력으로 교체해준다. 권위 있는 리더는 조직원들 사이에 권력의 상호교환을 통해 수확한다. 그러나 자유방임형 리더는 권력을 분산시킨 채 권력의 교환을 시도하지 않는다. 임파워먼트는 민주적으로 선출된 리더뿐 아니라 독재형 리더도 사용한다. 단지 민주형 리더는 권력을 위임하고 교환시킬 때 자신의 감정이나 개인의 이익이 아니라 조직의 목표 또는 공동체의 가치에 따르지만, 독재형 리더들은 권력을 분산시키더라도 자

1933년 1월 독일 총리가 된 히틀러. 그는 탁월한 선전, 선동술로 독일인들을 열광시켰다.

기 기준에 따라 다시 권력을 교환시킨다. 그 대표적인 예가 히틀러와 처칠이다.

권력의 위임이라는 측면만 보자면 처칠이 히틀러보다 부족한 면이 있다. 히틀러는 위임하고 간섭은 하지 않았으나 처칠은 시시콜콜 잔소리를 해댔다. 그럼에도 처칠의 리더십이 빛나는 이유는 자신의 미래보다는 국가의 미래를 고려했기 때문이다.

처칠은 공동체의 밝은 미래를 위해서는 지연과 학연을 초월했으며 자신의 실수를 순순히 인정하고 배우려 했다. 그러나 히틀러는 자신의 실수임에도 남에게 책임을 전가하며 자신의 카리스마를 지키려 했다. 히틀러는 개인적 카리스마로 추종자를 이끌었고, 처칠은 추종자들을 편안하게 해주며 유대감을 형성시켜 따르게 만들었다. 처칠 생전에, 영국에서는 우편의 수신자란에 "살아 있는 가장 위대한 영국인에게"란 글만 적어도 처칠에게 편지가 배달되었다.

처칠이 그토록 영국인의 사랑을 받은 비결은 인간적인 매력에 있었다. 처칠의 매력은 보통사람보다 월등하게 뛰어난 지식과 두뇌가 아니라, 누구나 사랑하는 뜨거운 인간애였다.

"제가 여러분에게 바칠 수 있는 것은 피와 눈물, 노력과 땀 밖에 없습니다."

"정부가 국민을 소유하는 것이 아니라 국민이 정부를 소유해야 합니다."

히틀러는 처칠과 완전히 달랐다. 히틀러는 대단히 권위적이었다. 탁월한 선전, 선동술로 최면을 걸다시피 독일인들을 세뇌시켜 민주주의를 포기하고 자신에게 열광하도록 만들었다. 오로지 총통인 자신에 대한 충성을 주입했다. 임파워먼트의 조작을 통해 부하들의 갈등을 유발시키고 중재자 역할을 하며 카리스마를 더 강화했다. 이런 방법은 모든 독재자들이 즐겨 쓰는 수법이다. 히틀러도 전체 목표는 자신이 정하고 행정의 세밀한 부분은 위임할 줄 알았다. 그러나 방식에서는 분노와 적개심을 유발해 충성 경쟁을 불러일으켰다.

그는 리더란 모름지기 배우(俳優)여야 한다고 생각했다. 군중의 마음을 사로잡기 위해 코미디언에게 연기를 배우기도 했다. 대중심리를 자극하기 위해 무대에서 극적인 조명 효과를 연출했고, 대규모 행진, 수많은 깃발, 군가 등을 애용했다. 또한 자신을 포장하는 데 탁월한 능력이 있었고 자신에 대한 충성심이 부족한 사람은 아무리 능력이 출중해도 권력을 회수했다. 히틀러가 가장 존경한 사람이 종교 개혁가 마르틴 루터였다. 루터는 유대인들을 증오하고 구원에 있어 선행보다 '오직 믿음'을 내세웠다. 이런 사변 중심의 흑백논리를 히틀러가 따랐다.

1944년 6월 연합군이 노르망디 상륙작전에 성공해 독일을 점령하게 된다. 이 작전이 전개되기 전에 '사막의 여우'라는 롬멜이 히틀러 총통에게 서부전선의 전차부대 지휘권을 달라고 했다가 거절당했다. 만일 롬멜이 서부전선을 맡았다면 연합군의 노르망디 상륙작전은 실패했을 것이다. 히틀러는 롬멜이 자신에 대한 충성심보다 민족에 대한 충성심이 더 크다는 것을 잘 알고 지휘권을 주지 않았다. 히틀러처럼 공동의 비전에 헌신하지 않는 리더는 자신에게 헌신하지 않는 추종자에게 권력을 나누어주지 않는다.

처칠은 히틀러와 달랐다. 자신에게 충성하기보다는 민주주의 정신과 그 체제를 지키려는 영국의 영속성에 충성하기를 원했다. 그는 특수효과를 설치하는 등의 자기를 포장할 줄 몰랐지만 의회나 방송국 같은 곳을 수시로 찾아가 대중과 소통하고자 했다. 영국을 상징하는 세 가지로 의회민주주의와 위스키, 트렌치코트를 꼽는다. 이중 트렌치코트는 처칠이 즐겨 입었던 옷이다. 처칠은 언제나 트렌치코트를 입었고, 제1차 세계대전 당시 연합군 장교들에게 트렌치코트를 만들어 입히기도 했다.

히틀러와 처칠은 공통점도 많았다. 강한 소신과 모두가 흥분할 만큼 매력적인 비전을 제시할 줄 알았다. 하지만 추종자들을 다루는 방법에서는 달랐다. 오직 자신에 대한 충성심이 기준인 히틀러와 달리, 처칠은 국가와 대의(大義)를 중요시했다. 그래서 처칠에게는 조언하고 비판하는 사람이 많았지만, 히틀러는 두려워서 아무도 조언을 하려 하지 않았다. 심지어 히틀러의 판단이 크게 잘못된 것임을 알고도 겉으로 수긍하고 따르기만 했다.

근거 있는 낙관론을 편다

월남전에서 포로로 잡힌 미국인들을 조사했다. 힘든 포로생활을 견디지 못하고 제일 먼저 죽은 사람들은 근거 없는 주술적 낙관주의자였다. 다음은 극단적인 비관론자였고, 마지막까지 살아남은 사람들의 대다수는 합리적인 낙관주의자였다.

"곧 풀려나겠지."

"기적이 일어날 거야."

"하나님이 도와주실 거야."

포로들 중 극단적 낙관론자들은 막연한 기대 속에서 아침 해를 맞이하다가, 또 실망하고 잠자리에 들기를 반복했다. 그처럼 막연한 석방 기대감으로 과도한 희망과 절망을 반복하던 사람들이 가장 먼저 지쳐 생을 마감했다.

합리적 낙관론자들은 이 전쟁도 언젠가 끝나고, 협상이 시작되면 포로교환이나 송환이 추진될 것이라고 예측했다. 제2차 세계대전 때 나치의 강제수용소 아우슈비츠에 수용되었다가 살아남은 빅터 프랭클(Viktor Emil Frankl)과 같은 태도다. 수용소에서 매일 실험실에 끌려가는 동료들처럼 자신도 종말이 임박한 것을 알면서도 프랭클은 깨진 유리 조각을 주워 면도를 했고 운동으로 몸과 마음을 추스렸다. 날마다 나치스들이 끌고 갈 사람을 고를 때 프랭클은 면도 후의 새파란 턱 덕분에 건강해 보였기 때문에 노동가치가 있다며 살려두었다. 단테의《신곡》에 나오는 지옥 현관문에 이런 글귀가 적혀 있다.

"이곳에 들어오는 자는 모든 희망을 버릴 지어다."

희망을 주지 못하는 리더는 저승사자나 다를 바 없다. 리더가 어떤 희망을 보여주느냐에 조직이 활기를 띠기도 하고 잃기도 한다. 처칠을 공동체에 영감을 주는 지도자라고 하는데, 이는 그가 제시한 이상이 조직뿐 아니라, 조직원 각자에게도 충분히 가치가 있어서 전력투구하게 만들었기 때문이다. 처칠처럼 공동체에 영감을 주는 리더십은 자기 이익과 자기 계층의 시각을 뛰어넘어야 가능하다. 무책임한 리더는 달성 불가능한 비전을 남발한다. 누가 봐도 객관성이 떨어지는 목표를 내세우고 조직원에게 긍정적으로 노력하라고 한다. 근거 없는 낙관론은 근거 없는 비관론만큼 나쁘다. 경제나 리더십이나 심리적 영향을 많이 받는다. 이를 잘 아는 실력 없는 리더들이 허풍선이처럼 긍정적 멘트만을 반복하고 다닌다. 이들의 특징은 평소에 매사를 긍정적으로 말하고 다니다가도 진짜 위기가 나타나면 뒤로 숨어버린다. 지나친 낙관주의에 쉽게 빠지는 리더는 되도록 차분한 사람을 조언자로 두고, 강박관념을 갖지 않은 사람과 교류하도록 해야 한다.

부시는 2005년 카타리나 수해현장을 재난이 터진 뒤 4일 만에 방문해 비난을 받았다. 2008년 금융위기를 만나고서도 대단히 낙관적인 성명서 한 장 발표하고 말았다.

"우리가 계속 금융시장을 안정, 강화시키고 투자가들이 자신감을 갖도록 노력하는 것을 국민들은 신뢰하게 될 것이다."

부시는 이처럼 짤막한 글 한 줄을 남기고 황급히 자리를 떴다. 그 뒤에도 여러 차례 회견에서 위기의식을 나타내거나 구체적인 해결방안 없이 긍정적 희망을 거듭 피력했다. 리먼 브라더스가 파산하며 9·11 이후 최악의 증시폭락이 있던 날 저녁에도, 부시는 백악관의 로즈가든에서 만찬을 벌이고 〈라이온 킹〉을 보며 뮤지컬 배우들이 부르는 노래를 감상하였다.

리더의 미래가 아무리 밝아도 구성원들의 미래가 밝지 않다면 조직이 활기를 띨 수 없다. 리더의 희망이 궁극적으로 개인에게도 희망이 되어야, 그 희망이 개인의 의욕이 된다. 리더가 꿈꾸는 미래의 비전에 바로 내 희망도 있다는 확신처럼 큰 동기유발은 없다. 그런 비전이야 말로 사실상 조직원들에게 가장 중요한 임파워먼트이다.

학습하는 리더, 내적 권위가 있는 리더

리더 혼자 위대한 조직을 만들 수는 없어도, 혼자 조직을 망가뜨릴 수는 있다. 이것이 우리가 리더십에 대해 잘 알아야 하는 이유이다. 19세기 후반 독일의 사회 철학자 막스 베버는 전통적 권위

를 전복하는 카리스마적 리더십이 필요하다고 주장했다. 그는 제
1차 세계대전 직후 독일 대표로 '베르사유 조약(Treaty of Versailles)'
에 참가했고, '바이마르 헌법'의 초안 작성에도 참여했다. 이 시기
는 제1차 세계대전의 여파로 오스만제국, 러시아제국, 독일제국
등 전체 군주정이 속속 폐지되고, 세계의 중심이 유럽에서 미국으
로 옮겨갔다.

군주가 권력을 더 이상 독점할 수 없게 되면서 관료제가 불가
피하게 되었고 권력도 관료가 행정을 통해 집행하게 된다. 그럴
때 베버는, 관료화의 속성상 관료의 복지부동이 불가피하다고 보
았다. 따라서 국가 지도자가 국가가 지양해야 할 목표를 카리스
마 있게 지정해주어야 관료사회가 돌아간다고 보았다. 베버가 의
미한 카리스마 리더십은 자기 행위에 대해 전적으로 책임을 지는
것이다.

"책임과 권위는 동전의 양면이다. 권위 없이 책임도 없고 책임
지지 않는 권위도 없다."

자기가 내린 결정과 행위에 대해 책임질 줄 아는 권위를 베버
는 카리스마 리더십으로 보았다. 그런 카리스마 리더십을 권위주
의와 혼동하고 있는 상황에서 외견상 카리스마가 넘쳐 보이는 히
틀러가 등장했다. 그가 일으킨 제2차 세계대전을 경험한 뒤 상황
별(contingency theory)로 각기 다른 리더십이 필요한 것을 파악하게
되었다. 조직의 크기나 특성별로 다양한 리더십을 행사해야 효과
가 나타난다는 것이다.

리더는 전동차의 푸시맨이 아니다. 리더는 사람을 끌어당겨야

한다. 그런데 사람들이 다 다르다. 시키는 대로 잘하는 사람이 있는가 하면 하던 일도 지시하면 그만두는 사람도 있다. 조직과 상황과 조직원을 이해하기 위해서는 다양한 경험과 학습이 필요하다. 그래야 조직의 정체성에 기반을 둔 함의(含意)를 도출하여 공동의 이해를 증진시킬 수 있다.

만일 리더가 학습능력이 떨어지거나 지성이 부족할 때 근거 없는 낙관주의자가 된다. 그러면 조직 전체가 주술적 희망을 찾아헤맨다. 리더가 지성 결핍증에 걸리면 두 가지 증세를 나타낸다. 황당하리만큼 현실을 도외시한 긍정적인 태도를 보이거나, 자신이 믿는 종교적 맹신에 근거하여 리더십을 행사한다. 주기적으로 경전 묵상, 종교행사 등을 공식화하여 직원의 충성심을 끌어내거나 헌신을 강요한다.

리더가 근거 없는 자기 과신에만 기대어서는 조직원들을 독려할 수 없다. 근거 없는 희망을 남발하지 않으려면 꾸준한 학습이 필요하다. 요즘처럼 하루가 다르게 변화하는 환경에서는 리더가 스스로 적응하고 배우는 능력인 학습 능력(learning ability)이 매우 중요하다. 리더의 학습은 학습 그 자체가 목적이 아니다. 학습 능력은 경험과 학습한 지식으로 주변 정황을 재빨리 읽어내는 상황 파악 능력, 자신과 그 상황에 처한 사람들을 읽어내는 인물 파악 능력, 변동 과정을 읽으며 변혁을 주체적으로 만들어가는 변화 능력을 말한다. 리더는 앞에서 파악한 세 영역을 유의미한 결실로 만들어내는 결과물 산출 능력으로 연결시킬 수 있어야 한다.

리더는 해결해야 할 핵심 문제가 선정되면 그에 따른 솔루션을

키신저(왼쪽)와 소련 서기장 브레즈네프

모색하게 된다. 그 솔루션이 합리적 근거를 갖기 위해 부단한 리더의 자기 학습이 필요하다. 미국의 전설적 외교관 키신저(Henry Kissinger)는 항상 귀곡자(鬼谷子)의 책을 읽었다. 전국시대 쌍벽을 이룬 책사가 귀곡자의 문하생 소진(蘇秦)과 장의(張儀)였다. 두 사람은 합종연횡(合縱連橫)이라는 현란한 외교술을 펼쳤다. 키신저가 냉전 시대 미국과 소련의 화해를 모색하고 대중 관계 정상화를 만들어낸 것도 귀곡자의 영향을 받았을 것이다.

키신저는 이런 명언을 남겼다.

"미국에 영원한 적도 우방도 없다. 오직 국익만 있을 뿐이다 (America has no permanent friends or enemies, only interests)."

어디 미국뿐이겠는가. 영원한 적과 동지가 없는 것이 국제 외교의 기본이다. 그렇기 때문에 상대국가의 역사와 동태를 꾸준히 학습해야만 한다. 무언가를 많이 배우느라 애를 썼는데 사용할 줄 모르면 헛수고한 것이다. 투입 능력과 산출 능력이 다 같이 좋아야 효과적 리더가 될 수 있다.

훌륭한 리더는 태어나는 것이 아니고 자기 학습에 의해 만들어진다. 인간은 자신의 인생만 사는 것이 아니라 남의 인생에도 관여하며 산다. 자신의 경험만으로 다양한 사람들이 모인 집단을 성공적으로 이끌 지혜를 만들어내기가 쉽지 않다.

다양한 책과 의미 있는 정보를 통해 타인의 인생을 간접 경험한 리더가 집단을 잘 이끈다. 링컨, 빌 게이츠, 나폴레옹, 마오쩌둥, 덩샤오핑, 오바마 등 탁월한 리더십을 지닌 사람들은 모두 독서를 통해 자신의 지적 능력을 꾸준히 향상시켰다. 그들은 엄청난 호기심 덕분에 열정적 학습(rage to learn)으로 자신의 목표를 달성할 기량을 이룰 때까지 만족할 줄을 몰랐다.

지난 2008년 미국 대선의 공화당 부통령 후보였던 세라 페일린은 CBS방송에 출연해 "온난화는 인간의 잘못이 아니며 주기적인 날씨의 패턴"이라고 말해 엄청난 비난을 받았다. 이에 대해 코미디언 메이헤는 "지구 온난화는 하나님이 우리를 더 가까이 안아주기 때문"이라고 풍자했다. 세간의 이야기에 따르면 "학습 능력이 떨어지는 대통령"으로 지목된 부시의 경우, 그가 대통령이 된 뒤 기자가 이런 질문을 했다.

"대통령이 되니 무엇이 가장 좋습니까?"

부시는 서슴없이 대답했다.

"굳이 설명하지 않아도 되니까 좋습니다."

참모는 보고서를 만들고 자기 안이 채택되도록 리더를 설득해야 하는데 대통령이 되니 여러 안건의 설명을 듣고 결재하면 된다는 뜻으로 말한 것이다. 과연 그럴까? 부시는 착각했다. 대통령은 설득당하는 자리가 아니라 국민을 설득하고 감동을 주어야 하는 자리이다.

설득을 잘하는 리더에게는 두 가지 면이 있다.

혼자 명상할 '골방'과 읽을 '책과 정보도구'이다. 첫 번째, 골방은 조용히 자기를 돌아볼 장소이다. 번잡한 곳을 피해 자신의 내면에 집중하고 결정해야 할 사안을 객관적으로 통찰할 수 있는 곳이다. 다음으로 거의 습관적으로 정보를 습득한다. 무조건 하루에 독서하는 시간을 확보해둔다. 워런 버핏은 이미 16살 때 비즈니스 관련 서적을 수백 권 읽었다. 지금도 그는 미국인 평균보다 다섯 배나 많은 책을 읽는다.

카이사르가 서른아홉에, 식민지 총독으로 부임하려는데 채권자들이 몰려와 길을 막을 정도로 많은 빚을 지고 있었다. 다행히 최고의 부자인 브라우스가 보증을 서주어 그는 임지로 떠날 수 있었다. 카이사르가 진 빚은 대부분 책을 사 보기 위한 것이었다. 덕분에 무력이 지배하던 BC 1세기의 리더답지 않게 키케로와 함께 당대 최고의 지성인이 될 수 있었다.

오프라 윈프리, 마오쩌둥 등도 역시 책을 많이 읽으며 리더십을 길렀다. 특히 장제스와 대결해 승리한 마오쩌둥의 힘은 독서에 기반을 둔 정세 분석과 적극적 방향 설정이었다. 쑨원(孫文, 1866~1925) 이후 재빠르게 국민당을 장악한 장제스는 마오쩌둥보다 개인적으로는 뛰어난 군사 전략가였다. 그런데도 마오쩌둥은 장제스 휘하의 부패한 자본가들보다 덜 부패한 농민들에게 기반을 둠으로써 그를 꺾었다.

마오는 프랑스로 유학 갈 기회를 스스로 포기하고 베이징대학교의 사서로 일하면서 폭식하듯 책을 읽어댔다. 그 뒤에도 마오쩌둥은 책 읽는 습관을 쭉 이어갔으나 지식인들이 빠지기 쉬운 탁상공론에 그치지 않고 현실 속에서 혁명을 이루어갔다. 이것이 마오쩌둥의 장점이다. 책상머리에서 분석한 관점을 직접 농촌에서 뛰며 수정하여 자신의 정치적 기반인 농민들에게 〈상강평론〉이라는 잡지를 만들어 배포했다.

마오는 잡지에 자신의 정치적 이상이 담긴 선전선동을 가득 담았다. 장제스의 군대가 대만으로 쫓겨난 뒤 자아 비판적인 패인을 분석한 결과, 그 원인은 바로 상급부대가 하급부대의 현실을 무시한 월권과 부당한 간섭으로 인한 전군의 자율성 상실 및 사기저하였다. 마오쩌둥이 실사구시에 기반을 둔, 농민들이 긍정할 만한 대안을 내놓을 때 부정부패에 눈먼 장제스 군부에서는 공허한 개혁의 구호만 난무했다.

조직은 리더만큼만 성장한다

조직의 현재 수준을 결정하는 가장 중요한 요인은 현재의 리더이다. 대중의 지위가 예전과 달리 격상했다 해도 여전히 리더의 영향력은 절대적이다. 인간 관계론의 선구자인 데일 카네기(Dale Carnegie, 1888~1955)는 리더의 역할을 이렇게 정의했다.

"사람들이 갖고 있는 잠재력과 가능성을 발굴하고, 의욕과 창의력을 이끌어내야 한다. 조직을 이끌어갈 실제적이고도 훌륭한 비전과 가치를 제시하며, 효과적인 대화로 동기부여를 해야 한다. 조직원의 사기를 북돋고 나아갈 길을 안내하며 조언도 하고 그들과 성공적인 인간관계를 유지해야 한다. 좋은 조직도 리더를 잘못 선택해 망가지는 수가 많고, 형편없던 조직도 바른 리더를 만나 좋은 조직이 된다. 조직은 리더만큼만 큰다. 리더의 개인기를 말하려는 것이 아니다. 아무리 개인적인 능력이 뛰어난 리더도 탁월한 팀워크가 없이는 성공할 수 없다."

젊은 시절 한신(韓信)은 매우 가난하여 남의 집에서 끼니를 해결했다. 어느 날 우물가에서 빨래하던 아낙들이 주는 밥을 먹고 돌아오는데 동네 건달들이 에워쌌다.

"야! 이 거지 새끼야, 우리와 한번 싸워 볼래? 자신 없으면 우리 다리 사이로 기어서 지나가라."

한신이 아무 말 없이 무릎을 꿇고 건달들의 가랑이 사이로 지나갔다. 여기서 고사성어 '과하지욕(胯下之辱)'이 나왔다. 자신이 품은 큰 뜻이 있기에 눈앞의 작은 싸움에 휘둘릴 필요가 없었던 것이다. 한신은 힘보다 지략을 사용하는 사람이었다. 애초 유방(劉邦)의 졸개로 있을 때 그다지 주목받지 못했다. 그런데 유방에게 신임을 받던 소하(蕭何)가 적극 추천했다.

"평범한 인재는 언제든 구할 수 있습니다. 하지만 한신 같은 국사무쌍(國士無雙)의 인재는 두 번 다시 찾기 어렵습니다."

그때부터 한신이 유방의 장수가 된다. 그는 초나라에 맞서는 배수진(背水陣)을 치고 초나라군을 포위해 심리전인 사면초가(四面楚歌)의 전략을 펼친다. 만일 소하가 없었다면, 유방은 한신을 등용하지 못했을 것이고, 초나라 항우(項羽)도 이기지 못했을 것이다. 사람 볼 줄 아는 안목이 리더에게 그만큼 중요하다. 자신에게 그런 안목이 부족하다면 소하처럼 인재를 알아볼 수 있는 능력을 지닌 측근을 기용해야 한다. 리더의 인사 원칙은 자신의 강점을 살리고 약점은 보완해줄 측근을 두는 것이다. 그래서 리더의 크기가 곧 조직의 크기를 결정한다는 것이다.

현명한 리더는 자신보다 조직이 더 성장하길 바란다. 그러기 위해서 자신의 부족한 면을 보완할 수 있는 사람들에게 권력을 위임한다. 리더로서 권위는 지키되 권력은 직원들에게 순환시켜 자신보다 더 위대한 조직을 만들어낸다. 지식이 많다고, 선배라고, 높은 지위에 있었다는 이유만으로 리더가 되어야 한다는 생각을 버려야 한다. 자기만큼의 고만고만한 조직을 만들고 유지시키려는 잔꾀를 버리고 역량 있는 참모들을 활용해 위대한 조직으로 만들려는 비전을 품은 사람이 리더가 되어야 한다. 사람들은 대부분 자기 능력 이상의 자리를 원한다. 물론 자기 능력을 과신한 탓도 있지만 고위직이 출세의 자리라는 인식 때문이다. 이런 일이 입신양명(立身揚名)을 중시하는 유교 문화권에서 더욱 심하다.

역량이 부족한 사람일수록 윗사람에 잘 보여 높은 자리를 차지하고자 하기 때문에 조직 내에서 정치적 싸움이 일어난다. 리더는 이런 현상을 파악할 수 있어야 무능한 직원에게 권한을 위임하는 실수를 저지르지 않는다.

먼저 직급에 맞는 인재를 선택한 뒤 권한을 위임해야지 그렇지 않으면 권한이 오·남용된다. 현장 경영이 절실해지는 시대에 리더가 모든 것을 결정하고 집행까지도 세세히 관여하려 하다가는 조직이 후퇴한다. 이런 통제형 리더십 아래서는 조직 내의 각 직급이 존재 의미가 없다. 리더가 곧 실장이고, 부장이고, 팀장 노릇까지 하기 때문에 각 부서 간의 유기적 공조도 무너진다. 모든 결정이 리더까지 올라와야만 결정되는 '과부하 현상'이 나타난다. 조직원들은 리더만 바라보는 해바라기가 되고, 리더가 일은 엄청나게 하지만 조직 전체의 효율성은 급감한다.

명확한 비전을 제시하여 조직의 현재와 미래를 연결하는 것이 리더의 일이다. 그 비전에 비추어 현 상황을 이해하고 문제점을 파악한 뒤 핵심 이슈를 규명하고 집행은 과감하게 위임하는 재치가 필요하다. 그렇게 하면 직원들의 자발성과 창의력을 이끌어낼 수 있다. 리더는 집행 과정에서 야기될 수 있는 갈등을 조정하고 위기를 관리해주면 된다.

미국 대통령 가운데 가장 스마트하고 준비가 잘된 사람으로 닉슨을 꼽는다. 닉슨 독트린으로 동서 냉전 시대가 데탕트, 즉 긴장 완화 시대로 전환하였다. 중국도 개방시켰다. 그러나 워터게이트 사건으로 인해 최악의 대통령이 되었다. 닉슨이 사임하고 부통령 제럴드 포드(Gerald Ford, 1913~2006)가 대통령직을 승계했는데 그는 매우 성실했다. 그럼에도 불구하고 닉슨을 사면해 인기를 잃고, 1976년 미국 제39대 대통령선거에서 지미 카터에게 졌다. 포드가 대통령직 인수 직후 여론을 무시하고 닉슨에 대한 형사처벌을 면제하는 사면령을 내린 것이 결정적 패인이었다.

대통령에 당선된 카터(Jimmy Carter)는 1977년 1월 20일 취임한 이후 내각 중심의 운영체제를 보좌 기구 중심으로 전환한다. 물론 비공식 네트워크를 통해 조언을 들으며 다양한 정책대안을 제안 받았다. 그럼에도 특정한 단일안만을 고집하는 바람에 팀워크를 충분히 가동하지 못했다. 카터는 조직적 원칙을 무시하고 사소한 일에 지나치게 집착했다. 법안을 중요하지도 않은 구절까지 꼼꼼히 확인하고 백악관 테니스 사용 요청서까지 직접 읽고 허가 여부를 결정할 정도였다. 결국 지나치게 근시안적인 일에 골몰한 나머지 국정운영에 실패하고 말았다. 그는 자신의 종교적 신념을 현실 정치에 구현하려다가 뜻을 이루지 못하고 재선에 실패했다.

빌 클린턴(Bill Clinton) 대통령도 국정 초기에는 너무 많은 개혁 과제를 설정하고 깊이 관여하려 했다. 그는 취임 후 1개월 만에 새로운 에너지 개발세를 제안했다. 일반 가정을 포함한 모든 에너지 사용자에게 4.5퍼센트의 세금을 추가로 징수하겠다는 것이었다. 그러나 국민과 공화당의 엄청난 반발을 받고 정책을 철회하였다.

클린턴의 조직은 동네 축구 클럽에 비교될 만큼 자유분방했다. 클린턴은 자기 절제가 부족했으나 두뇌 회전이 빠르고, 논리 정연하고, 탄력성이 뛰어나 수많은 위기를 탈출할 수 있었다. 특히 문제의 본질을 파악하는 데 천재였다. 공공 정책의 복잡한 이슈와 관련된 각종 통계자료, 전문 용어를 직접 분석하고, 다양한 관점을 청취한 뒤 최고의 대안을 선택했다. 그 결과 엄청난 적자였던 미 연방정부 재정 상태를 기록적인 흑자로 전환했다.

빌 클린턴(Bill Clinton)

아이젠하워(Dwight D. Eisenhower, 1899 - 1969)는 미국과 세계를 핵전쟁에서 구한 대통령으로 역사에 기록되고 있다. 아이젠하워는 꼭두각시로 보일 만큼 권한과 책임을 내각과 참모들에게 위임했다. 아이젠하워를 비판하는 사람들은 그가 주요 정책까지 하급관리에게 위임한다고 불평했으나, 그는 노쇠해서 방관한 것이 아니라 사건의 중심에 서서 사건을 지배하며 최고의 결정을 내렸다. 그는 자신의 평화주의적 신념을 끝까지 지키고 성취했다. 아이젠하워는 자신의 신념을 형성하는 가치체계에 대해 이렇게 말했다.

"미합중국의 목적은 단순히 영토와 생명, 재산을 지키는 것뿐 아니라 하나의 생활방식을 보호하는 것이다."

Winning
Leadership

갈등 조정은
하는가

-통합 리더십

사자신중충(獅子身中蟲)!
"밀림의 황제, 사자를 쓰러뜨리는 적은 다른 야수가 아니다.
자기 몸속의 기생충이다. 그리스, 로마, 고대 중국, 고구려, 백제,신라,
고려 등의 쇠망은 외부 도전이 아니라 내부 갈등에서 비롯되었다."

리더는 조직의 중심이다. 조직의 꼭대기로 표현하지 않은 이유가 있다. 리더가 계단의 최고점에 서 있을 경우 바로 아래 계단에 의해 리더의 판단과 운명까지 결정된다. 리더가 조직의 꼭대기가 아닌 중심부에 위치해야 거미줄처럼 다양한 연결고리로 사방과 소통할 수 있다. 중심에 선 리더가 조직의 자족적이고 장기적인 성장을 도모한다. 리더의 주변 사람들도 나름대로의 소중한 신념이나 일상적 습관, 독특한 사고방식을 가지고 있다. 이들 각자가 소중하게 생각하는 개별적인 것들을 조직의 성과를 위해 개선하거나 때로는 포기하도록 설득해야 한다.

리더십은 목적 지향적인 행동이다. 목적 달성을 위해 조직과 개인에게 영향력을 행사하는 과정이 리더십이다. 농경사회처럼 물리력 시대의 리더는 강압적 권력(coercive power)으로도 조직을 통솔할 수 있었다. 산업혁명으로 촉발된 상업의 시대에 와서는 보상적 권력(reward power)이 제일 잘 통하는 리더십이었다. 정보화 시대에 들어와서는 전문적 권력(expert power)을 지닌 리더가 우대받

았다. 리더는 조직이 지향하는 방향을 제시할 능력, 기술, 지식을 가져야 한다.

21세기 중반을 향해 가며 생명창조 시대가 열리고 있다. 이 시기의 리더는 준거적 권력(reference power)을 가져야 한다. 준거적 권력이란 리더가 공적 직위를 내세운 권위가 아니라 개인 특성으로 매력을 발산하며 존경을 받는다는 의미이다. 사람들이 감동하는 특성에 친밀감과 포용, 용서와 화해, 겸손과 희생정신, 섬김과 감사와 정직, 근면과 열정, 솔선수범, 청렴 등이 있다. 이 모든 덕목 중에 청렴결백은 특히 리더로서 정신적 권위를 세워주는 최고의 자질이다.

다음 덕목이 리더의 솔선수범이다. 리더가 변화해야 한다고 말은 하면서 자신은 조금도 변하지 않는다면 누가 리더를 존경하겠는가? 리더는 추종자들의 참고 서적이다. 추종자들은 업무 진행의 과정마다 지도자의 행위와 의중을 참조한다. 생명창조 사회의 코드가 '모든 존재의 유기적 연결'과 '상생'이듯, 현대의 리더들은 경쟁을 촉발하는 개인 지향적 특성을 버리고, 다양성과 상호의존성을 조화시키는 관계 지향적 특성을 갖춰야 한다. 다양성과 상호의존성은 상반된 개념이다. 그러나 다양성을 차별이나 틀림의 대상으로 보지 않고, 새로운 시각과 대안으로 본다면 양자는 충분히 보완적 개념이 될 수 있다.

조직의 존재 이유에 충실한다

당신 조직의 존재 이유는 무엇인가. 조직마다 존재의 이유가 다르다. 교육 조직, 경제 조직, 국가 조직, 시민 단체, 법원 조직, 복지 단체, 종교 조직, 언론 등 제각기 고유한 역할이 있다. 고유의 역할이 바로 존재 이유이다. 존재 이유가 서로 다른 조직의 리더가 될 경우 예전 조직에서 익힌 습관대로 리더십을 발휘하다가 조직을 망가뜨리는 경우가 많다. 외교관으로 성공했던 반기문의 경우 특유의 신사적인 신중함은 있지만 몸에 밴 이런 특성이 피 튀기는 진흙탕 싸움을 헤쳐 나가야 하는 정치와는 맞지 않았다.

많은 사람이 리더가 되기를 원한다. 그러나 성공한 리더가 되려면 리더의 철학과 행동이 조직의 존재이유에 적합해야 한다. 역시 조직도 적합한 리더를 만나기 전에는 크게 번창할 수 없다.

한 마리의 사자가 이끄는 양 떼가 한 마리의 양이 이끄는 사자 무리를 이긴다. 조직의 미래는 조직의 존재 이유를 충분히 구현해 낼 수 있는 리더를 만났느냐에 달려 있다. 그런 리더는 조직에 맞는 이슈를 제기하여 조직이 궁극적으로 나아가야 할 방향으로 조직을 이끈다. 야전 사령관이 적과 전쟁할 때 왜 어느 부대가 먼저 나가서 어디에서, 어떤 방식으로 싸워야 하는지 이유를 알고 있어야 하듯, 리더도 이슈를 제기할 때 왜 그 많은 이슈 중에 특정 이슈를 선택한 이유가 무엇인지, 타당성이 있어야 한다.

대통령학에서 냉철한 인지력, 매력적 카리스마, 조직력, 광범위한 학습 능력, 정치적 비전을 대통령의 필수 자질로 본다. 경영학에서 기업 리더의 자격 조건이 감정이입(empathy), 조직 문화의 이해, 설득 능력, 인재 개발, 팀워크, 동기부여이다. 위의 항목들을 정리하면 리더는 추종자들의 자발성을 자극하는 동기부여를 통해 조직의 목표를 달성하는 사람이다. 한 나라의 대통령이나 기업의 리더나 지금과 같은 인권존중의 시대에는 자발적 의사소통에 기초한 강인한 동기부여의 능력이 절대적으로 필요하다.

리더는 어차피 결단을 내리는 숙명을 지니고 있다. 도전 과제들 중에서 우선 집중해야 할 이슈와 풀어가야 할 솔루션의 방향을 정해야 한다. 그렇다고 하여 리더가 쇳물을 주형(鑄型)에 부어 원하는 모양을 만들고 망치로 내리쳐 제품을 만드는 대장장이는 아니다. 대장장이형 리더는 조직의 존재 이유에 대한 확신과 긍정 없이 오직 자기 충족을 위해 보상과 처벌 등 인정 프로그램만으로 조직의 틀을 짠다.

그런 리더가 있는 조직은 조직원들도 조직 본래 비전을 망각하게 되고, 조직원의 노력이 역효과를 내게 마련이어서 조직이 엉뚱한 곳으로 가게 된다. 따라서 리더는 조직원을 대할 때 마케터가 고객 대하듯 해야 한다.

조직의 존재 이유에 대한 확신과 긍정이 없는 보상과 인정 프로그램은 직원들의 노력을 가치 없게 만들고 역효과를 내게 한다. 뛰어난 마케터가 상품을 소개할 때를 보라. 이론적으로 상품의 장점을 자랑하기보다 그 상품이 고객에게 어떤 이익을 줄지를 설명한다. 그것이 고객이 제품을 사야 할 이유이다.

리더는 정원사이다. 조직원들에게 신바람이라는 물을 주어 스스로 일을 하도록 촉진한다. 자신이 선정한 이슈와 방향을 혼자 가슴에 품고 사는 사람이 아니라, 조직 전체에 효과적으로 전달되어 성공적인 열매를 맺도록 만든다. 이런 철학으로 마틴 루터 킹 (Martin Luther King Jr. 1929~1968)은 워싱턴광장에서 100만 군중을 전율하게 만들었다.

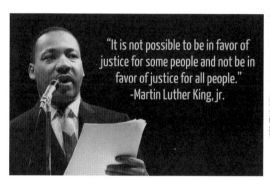

마틴 루터 킹(Martin Luther King Jr.)

"나에게 꿈이 있습니다."로 시작한 그의 연설은 세기적 공감을 불러일으켰다. 그는 연설 전반부에서 "인간은 모두 존엄하게 태어나 공평한 대우를 받아야 한다."는 미국의 건국이념과 인간 보편의 가치관을 이야기한다. 루터 킹이 제안하는 이슈와 방향에 감명 받은 미국인들은 매년 1월 셋째 주를 '마틴 루터 킹의 날'로 지키고 있다.

리더여! 추종자들의 충성을 받고 싶은가? 그들은 충성하기 전, 다음 세 가지를 확인한다.

① 리더가 먼저 삶과 목표, 조직과 프로젝트에 대한 열정이 있

는가를 본다.

② 리더가 조직의 상황에 대해 이해하고, 부딪쳐야 할 미지의 과제에 대처할 지혜가 있는지 궁금해 한다.

③ 결단력과 솔선수범, 그리고 긍정적 결과를 만들어낼 만한 윤리의식이 있는가를 알고자 한다.

리더가 위 세 가지 확신을 주지 않는다면 일방적 지시만으로 추종자들이 충성하지 않는다.

지금은 자아실현의 욕구가 어느 시대보다 강하기 때문에 조직원은 자신의 일이 사회에 무언가 기여하기를 바라고 조직 내의 자기 일이 조직에 유의미하고 기여하기를 원한다. 리더가 추종자들에게 조직의 존재 이유와 조직 내에서 그들이 하는 일의 의미를 가치 있게 이야기해줄 수 있어야 한다.

미국 제28대(1913~1921년) 대통령 우드로 윌슨(Thomas Woodrow Wilson, 1856~1924)은 장로교 성직자의 아들이며 대학총장을 지낸 사람답게 완벽을 추구하는 이상주의자였다. 윌슨은 26대(1901~1909) 대통령인 시어도어 루스벨트(Theodore Roosevelt, 1858~1919)의 정책기조를 유지하며 더 강화시켰다. 부유한 가정 출신 루스벨트는 철도회사 등의 '트러스트'를 와해시키며 경제정의를 추구했다. 재임 동안 43개의 독점기업에 제재를 가하며 '트러스트 파괴자'란 명성을 얻자 그는 이렇게 대응했다.

"악행을 저질러 재산을 형성했다면, 그 돈으로 어떤 선행을 한다 해도 용서되지 않는다."

그는 행정학의 아버지라 불렸으며, 1902년 미시시피 주를 찾아갔을 때 주정부가 곰 사냥을 좋아하는 대통령을 위해 사냥용으로 새끼 곰을 나무에 묶어두었지만, 루스벨트가 풀어주며 '테디 베어'라는 애칭을 붙였다.

그가 즐겨 인용한 속담이 "커다란 몽둥이를 가지고 다니되 부드럽게 이야기하라."였다. 그는 사망 직전 "나만큼 행복하게 산 사람은 없다."라는 말을 남겼다.

루스벨트가 후임으로 지지한 하워드 태프트(William Howard Taft, 1857~1930)가 27대 대통령에 당선된다. 그가 대통령이 되기 전, 육군성 장관일 때 루스벨트 대통령의 특사로 일본에 파견되어 1905년 7월 29일 일본 총리 가쓰라와 가쓰라-태프트 밀약(Katsura-Taft Secret Agreement)을 체결했다. 미국이 필리핀을 통치하는 대신 일본의 한국 지배를 승인한다는 내용이었다.

태프트를 선거에서 이기고 대통령이 된 윌슨은 루스벨트처럼 '대통령이란 국민 개개인의 대표자'라고 생각했다. 자신의 선거 공약인 '신 자유(new freedom)' 정책을 실현하기 위해 미국 최초의 소득세 제도를 실시하고 아동 노동을 금지시켰으며 철도 노동자의 근로 시간을 8시간으로 제한했다. 국제연맹 창립을 주창했으며, 약소국가의 민족자결주의(self-determination) 원칙을 선언했다. 이에 자극받아 식민 지배를 받던 한반도에서 3·1운동이 일어났고, 3·1운동은 다시 인도의 독립운동과 중국 5·4운동을 촉발했다.

우드로 윌슨의 이상주의적 외교정책으로 미국은 세계 지도국으로서 도덕적 정당성을 갖추게 되었다. 윌슨도 미국이야말로 '세계의 희망'이라고 자처했다. 원칙적 이상주의자인 루스벨트나 윌슨은 자신을 이해하는 사람들에게는 대단히 관용적이고 유머스러웠다. 루스벨트가 미국이라는 국가 조직에 충실했다면, 이를 기반으로 윌슨은 미국을 세계적 리더 국가로 떠오르게 했다.

다양한 인재의 역량을 포커싱하라

조직을 성공적으로 이끄는 리더는 다양한 스펙트럼을 가진 사람들 사이에서 공감대를 찾아 실용적 성과에 초점을 맞춘다. 즉 조직 내의 다양한 역량을 결집시키는 사람이 리더이다.

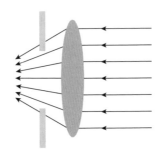

카메라는 렌즈로 들어오는 다양한 빛을 조리개로 조절하여 최

상의 이미지를 만든다. 리더의 역할이란 카메라의 조리개 같다. 어떤 빛이든 다 받아들여야 좋을 때도 있고 일부를 차단해야 될 때도 있다.

리더는 첫째, 조직 내의 여러 목소리를 단음(單音) 처리하는 것이 아니라, 화음(和音)으로 맞출 줄 알아야 한다. 조직의 창의력과 경쟁력은 내부의 일사불란한 목소리가 아니다. 창의력과 경쟁력은 엉뚱할 정도로 생경한 의견들이 쏟아져 나올 때 높아진다. 따라서 조직 역량의 증가는 조직 내에 다양한 인재를 기용하는 것에서 시작된다. 그런데도 조직에서 '직언하는 분위기'를 형성하기란 쉽지 않다. 오죽하면《주역》에 직언을 "호랑이 꼬리 밟는 짓(履虎尾)"이라 했을까. 한비자(韓非子)도 리더의 뜻에게 거스르는 말을 '역린(逆鱗)'이라 하여 용의 비늘을 건드리는 것과 같다고 했다.

이를 잘 아는 현명한 왕들은 자신의 독단을 막도록 간언(諫言)하는 제도를 두었다. 링컨은 내각을 '라이벌들의 팀(Team of Rival)'으로 구성하여 '불편한 진실'을 제도적으로 밝힐 수 있도록 하였다. 미국 32대 대통령(1933~1945) 프랭클린 루스벨트도 대립적 견해를 가진 참모진을 운영했다. 그들 간의 첨예한 견해차와 논쟁을 즐기며 한쪽 세력이 월등해지지 않도록 견제해주었다. 루스벨트는 항공기 1만대를 제작해 육군 항공단의 전력을 증강하고자 했다. 대통령의 관심 사업인지라 모든 각료와 군 장성들이 침묵을 지키고 있을 때 조지 마셜(George Catlett Marshall, 1880~1959) 장군이 반대했다.

"각하, 죄송하지만 저는 반대합니다. 조종사나 정비사가 턱없이 부족한데 전투기만 대량생산하는 것은 비현실적입니다."

루스벨트가 화를 내며 회의실을 나가는 모습을 보며 참모들은 마셜의 미래가 끝났다고 생각했다. 그로부터 몇 개월 뒤 태평양전쟁이 터지자 루스벨트는 준장이던 마셜을 대장으로 승진시켜 육군참모총장에 임명했다. 마셜보다 계급이 높은 선임 장군 34명을 제친 파격적인 인사였다.

화려하고 명예로운 것을 좋아하는 루스벨트와 검소하고 정직한 마셜은 성격이 정반대로 평소에도 잘 맞지 않았다. 그런데도 루스벨트는 주위의 반대를 무릅쓰고 마셜에게 미 육군 최고의 지위를 주었다. 그만큼 루스벨트의 그릇이 컸던 것이다. 마셜과 루스벨트의 공통점은 한 가지. 서로 다른 특징을 지닌 조직원들을 공동의 관심사로 묶어주는 능력이 두 사람 모두 탁월했다.

그들은 자기 조직원들의 장단점을 정확히 파악했고 장점을 살려주었다. 전쟁 후 마셜은 직업군인으로서는 최초로 노벨평화상을 받았다. 루스벨트 역시 미국 역대 대통령 가운데 유일무이하게 네 번이나 당선되었다. 그는 재임 기간 중에 경제 대공황과 제2차 세계대전을 극복해냈다. 생동감 있고 활발한 조직은 다른 견해를 가진 팀들이 더 좋은 결정을 위해 자신들의 아이디어와 지혜를 짜내며 선의의 경쟁을 벌인다. 마셜과 프랭클린 루스벨트는 자기가 누구이고 자기의 신념이 무엇인 줄을 잘 알았다. 그러면서도 자신과 취향이 다른 유능한 인물을 주변에 두었으며, 필요하면 대립도 하지만 충분히 중용했다.

그렇지 못한 리더도 숱하게 많다. 리더에 대한 충성을 유도하기 위해 교묘하게 조직 내 분열을 초래하기도 한다. 조직이 힘을 얻으려면 리더에 대한 어느 정도의 충성심은 필요하다. 그러나 지나치면 조직을 위한 리더가 아니라 리더를 위한 조직이 되고 만다. 다시 말해 충성심은 필요하지만 지나치면 독이 되는 과유불급(過猶不及)과 같은 것이다.

히틀러도 사람을 보는 안목은 탁월했다. 적재적소에 필요한 우수한 인재를 배치할 줄 알았다. 그러나 거기까지였다. 그는 같은 업무를 두 사람에게 배당하여 충성 경쟁을 시켰다. 박정희도 이와 유사하게 분리 통치(divide and rule)를 했다. 그 결과 서로 대통령의 환심을 사려고 암투와 배신이 벌어졌다. 충성 경쟁을 시키는 용인술이 때론 필요하겠지만 적당한 선에서 그쳐야 한다.

기본적으로 다양한 인재를 융합시키는 용인술은 덩샤오핑 같은 코칭 리더십이다. 덩샤오핑은 복권된 뒤 정적을 대거 제거할 수 있었다. 하지만 보복보다는 지난 상처의 치유와 상생을 추구했다. 문화혁명 때 덩샤오핑의 아들은 홍위병들에게 핍박받아 하반신 마비가 되었다. 그 같은 탄압에도 불구하고 덩샤오핑은 권력을 잡고도 보복을 최소화했다. 보복이 아니라 중국 발전에 방해가 되는 구세력 중 일부만 청산하고 마무리 지었다. 역시 대인이었다. 그는 보복 대신 어려운 이는 길을 열어주고 적당할 때 필요한 것을 채워주며 인물을 길렀다.

조직의 역량을 잘 통합하는 리더들에게는 또 다른 특징이 있다. 조직의 비전이 꽃피고 열매 맺게 될 현장을 잘 알고 조직의 역량을 현장 친화적인 방향으로 쏟는다.

리더십 교본이라 불리는 링컨도 늘 현장에 있었다. 1861년 3월

4일 대통령에 취임한 뒤 39일째인 4월 12일에 남북전쟁이 시작되자 전쟁 기간 내내 전투현장을 돌아다녔다. 남부의 대다수 주들이 연방에서 탈퇴하여 새로운 정부를 수립한 뒤, 리치먼드를 수도로 정하고 전쟁은 계속되었다. 전쟁 초에 북부군의 패전은 계속되었다. 최초로 북군이 이긴 것은 게티즈버그 전투였다. 게티즈버그의 전사자를 추모하기 위해 당시 국무장관인 에드워드 에버렛이 두 시간의 긴 연설을 한 뒤 링컨은 5분에 불과한 짤막하지만 깊은 인상을 남긴 연설을 했다.

"80년 전 우리 선조들은 자유롭게 살기 위해 신대륙에 이 나라를 건국했습니다. 그리고 '모든 인류는 평등하게 태어난다.'는 진리를 구현했습니다. 그러나 지금 우리는 나라 안에서 큰 전쟁을 치르며 '자유롭게 태어나 평등하게 산다.'는 국가의 기초가 시험당하고 있습니다. …… 국민의, 국민에 의한, 국민을 위한 정부는 영원할 것입니다."

겨우 270자의 짧은 이 연설이 유명해진 이유는 링컨의 화려한 언술이 아니었다. 현장을 중시하는 리더십 덕분이었다. 그도 백악관에 앉아 얼마든지 "인간의 존엄성을 지키려는 북군은 반드시 이긴다." "신의 가호가 여러분과 함께하기 바란다." 등의 성명서로 참전용사들을 격려할 수 있었다. 하지만 링컨은 대통령 재임기간 동안 백악관에 머문 날이 거의 없었다.

"병사들이 있는 곳에 링컨이 있다."

그런 말을 들을 만큼 직접 여러 전선을 발로 뛰며 전황을 살폈고 부상병들을 찾아가 위로했다. 조직원들은 리더에게 자기들이

〈알프스를 넘는 나폴레옹〉(자크 루이다비드)

닮아야 할 현장 행위를 원한다. 리더가 어떻게 하느냐에 따라 도전 과제를 만난 조직원들은 사기를 얻기도 하고 잃기도 한다. 리더가 조직 역량의 가동 키를 쥐고 있는 셈이다.

　나폴레옹은 자신만만한 솔선수범으로 군인들의 용맹성을 자극했다. 1800년 나폴레옹군은 이탈리아에 잔류하던 오스트리아군을 공격하기로 결정했다. 때마침 겨울이라 오스트리아군은 알프스산맥을 제외한 모든 지역에 철저히 방어선을 쳤다. 오스트리아군은 카르타고의 명장 한니발이 천신만고 끝에 넘었던 알프스를 나폴레옹이 겨울의 혹한 속에서 설마 넘어오리라고는 상상조차 하지 못했다. 그런 예상을 깨고 나폴레옹은 일부러 알프스 산길을 택했다. 나폴레옹 군대가 알프스를 오르는데 폭설이 쏟아져 눈이 허리까지 쌓였다. 참모가 나폴레옹에게 말했다.

"각하, 이 상태로는 산을 넘을 수 없습니다. 모두가 얼어 죽습니다. 되돌아가시죠."

나폴레옹이 대답했다.

"프랑스 사전에 불가능이란 말은 없다."

이 말을 마친 뒤, 빨간 망토를 입고 나폴레옹은 알프스에 내리는 눈보다 더 흰말을 탄 채, 최선두에 서서 눈발이 내리치는 알프스 정상을 향해 나아갔다.

나폴레옹을 필두로 한 프랑스군은 알프스를 넘어 오스트리아군을 말끔히 물리쳤다. 전쟁이 끝난 뒤, 나폴레옹이 산기슭에서 했던 말이 "나의 사전에 불가능은 없다."란 말로 바뀌었다.

조직의 힘으로 세계를 뒤흔든 대전략의 성공 뒤에 반드시 조직의 역량을 한곳으로 집중시킨 리더의 현장 경영이 있다. 조직 운용의 성공은 리더가 조직 역량을 결집시켜 조직원들을 집중시킬 수 있느냐에 달려 있다. 조직원의 가장 으뜸가는 역할 모델이 바로 그 조직의 리더이기 때문이다. 국가의 중요한 역할 모델은 대통령이고, 기업의 역할 모델은 사장이다. 모든 리더는 그 조직의 역할 모델이다. 리더가 조직원을 동기부여하고 설레게 하는 역할을 할 때 조직은 자극받고 활성화된다.

변혁을 선점하라

"더 좋은 것보다 맨 처음이 낫다."

《마케팅 불변의 법칙》의 저자 잭 트라우트가 마케팅이 제품과 제품 사이가 아니라 인식의 싸움이라는 뜻으로 한 말이다.

어떤 제품이 대표적 이미지를 한번 획득하면, 사람들 뇌리에 대표성이 고착된다. 이 때문에 펩시콜라가 코카콜라는 넘어서지 못했고, 미풍이 미원을 넘어서지 못했다. 1956년에 국내 최초의 조미료 미원이 탄생했다. 7년 뒤 제일제당이 미풍으로 도전했다. 두 회사가 경쟁적으로 사은품을 주며 다퉜으나 승자는 미원이었다. 고 이병철 회장이 세상에서 자식 농사, 골프 그리고 미원이 자기 맘대로 안 되는 것 세 가지라 했을 만큼 미원의 아성이 단단했다. 조미료는 미원이라는 인식을 넘어서기가 그렇게 힘들었다.

후발주자가 프레임을 선점한 선발주자를 이기는 방법은 없을까? 다른 프레임으로 전환할 때 가능하다. 세상에 소비자를 100% 만족시켜주는 제품도 없고, 민심을 100% 반영하는 리더도 없다. 그래서 새로운 프레임의 출현 가능성이 상존한다. 1975년 제일제당이 화학조미료인 미원과 전혀 다른 콘셉트의 복합조미료 '다시다'를 출시하여 미원을 제칠 수 있었다. 후발주자가 '다르게 하기'

전략으로 선발주자를 넘어선 것이다. 많은 후발주자들이 선발주자를 벤치마킹하지만 아류로 남을 뿐 결코 1등 주자는 되지 못한다. 그 이유는 선발주자가 설정해 놓은 프레임 안에 갇히기 때문이다.

새로운 시대는 늘 새로운 프레임을 원한다. 변하는 시대정신을 반 발자국쯤 앞서는 프레임이 가장 폭발력이 강하다. 기존의 강력한 리더도 변화의 선점을 놓치면 내리막길을 걷는다. 변혁의 시기는 변화를 선도하는 리더가 승리한다. 그래서 어느 때보다도 강력한 리더십을 지닌 카리스마형 리더가 필요한 것이다.

후한 말 조조(曺操, 155~220)는 혼란스러운 천하를 변화시키기 위해 법가를 통치이념으로 받아들여 천하를 지배했다. 1950년대에 처음 디지털시계를 착안한 사람이 스위스 시계 회사 관계자들을 만났지만 기술 인수를 거절당했다. 그래서 일본 세이코에 기술을 팔았다. 그 뒤 디지털시계가 시계 시장을 석권했다.

리더의 평판은 조직이 시대의 변혁에 맞게 무언가를 성취했는지의 여부로 결정된다. 리더가 매일 무엇을 해야 할지 갈팡질팡하거나 결정하고도 실행에 과감하지 못하면 리더십이 실종된다. 조직의 융화력도 구성원들이 조직을 보는 인식에 좌우된다. 그래서 GE의 전 회장 웰치는 "실제 현장에서의 전략은 매우 간단"하다면서 "일단 전체 방향이 잡히면 미친 듯 밀어붙여라."라고 권한다.

리더 주변에는 자료 조사, 분석, 연구 보고를 통해 먹고사는 인력들이 많다. 만일 리더가 자신과 조직과 현실을 냉정하게 보지 못하고 지나치게 조심스러워 할 때 주변인들에게 조직의 힘을 탕진하고 만다. 잭 웰치의 말대로 변혁을 향한 분명한 방향이 정해 졌으면 열정적으로 끈기 있게 실행해야 한다. 무엇이든 타인이 성취해놓은 프레임은 모방도 쉽고 평가도 쉽다. 그러나 먼저 새 프레임을 짜고 성취하기는 어렵다. 그래서 많은 리더들이 변화를 택하기보다 기존의 틀에 안주하려 한다. 그런 리더들일수록, 수시로 회의를 열고 회의시간도 길다.

왜 그럴까? 회의 시간이야말로 호통도 치고 추궁도 하며 리더의 권위를 과시하기 딱 좋기 때문이다. 망하는 조직의 첫 징후가 회의 수가 부쩍 많아진다는 것이다. 회의가 많다는 것은 그만큼 결론을 내리지 못한 채 갑론을박한다는 얘기다. 난세를 헤쳐 나간 리더들은 장시간 토론으로 귀한 에너지를 낭비하게 만들지 않는다.

그들은 조직의 자원을 창의적으로 활용하도록 시급한 문제에 명쾌한 단안을 내려 실행에 집중하게 만든다. 지나치게 분석하고 기획과 전략에 집중하는 문화를 피하고 정작 중요한 문제 해결에 초점을 맞춰 단순한 방법을 찾아야 한다. 그리고 해결 방안을 찾았다면 미친 듯 행동으로 옮겨야 한다. 변혁을 선점하는 지혜는 천부적 자질이나 행운이 아니다. 자신의 경험과 객관적 지식을 섭렵하면서 획득한 통찰력으로 시대적 조류의 본질을 파악하여 재구성하려는 열정의 소산이다.

중세인은 '지중해'가 지구의 중심이라 생각했다. 항해술과 나침반 등이 발전하고 있었으나 대서양 횡단까지는 상상도 하지 못하던 시기였다. 콜럼버스(Christopher Columbus, 1451~1506)는 '신대륙 발견'이라는 새로운 프레임을 정하고 그것을 뒷받침해줄 지원자

신대륙에 상륙하는 콜럼버스

를 물색했다.

먼저 포르투갈에 지원을 요청했으나 이탈리아인이라는 이유로 거절당했다. 다시 스페인의 이사벨라 여왕을 설득해 승낙을 받았으나 곧 전쟁이 터져 포기하자 설득을 거듭한 끝에 지원을 얻어 냈다. 콜럼버스는 한 번 안 되면 두 번, 두 번 안 되면 세 번, 이런 식으로 끈질기게 자신의 의사를 관찰시켰다.

드디어 1492년 8월 3일, 콜럼버스는 세 척의 배로 41일간 항해한 끝에 산살바도르 섬에 도착했다. 그가 아메리카 대륙을 발견하고 돌아왔을 때, 환영 만찬에서 한 사람이 콜럼버스에게 시비를 걸었다.

"콜럼버스 씨, 인도로 가는 길은 당신이 아니라도 누군가 발견했을 것이오(당시에는 아메리카 대륙을 인도로 알고 있었다)."

그 말을 들은 콜럼버스가 달걀 하나를 집어 들었다.

"이 달걀을 세울 수 있는 분계십니까?"

연회석상에 모인 사람들이 서로 웅성거릴 뿐 아무도 자신 있게 나서지 못했다. 그때 콜럼버스가 한 걸음 앞으로 나가 탁자 위에 계란 한 쪽을 깨서 세웠다. 그러자 사람들이 저마다 떠들었다.

"에이, 그까짓 것을 누가 못 해?"

사람들의 떠드는 소리보다 더 크게 콜럼버스가 외쳤다.

"내 항해도 이와 같습니다."

대항해시대, 콜럼버스는 네 번의 항해 끝에 지구가 둥글다는 것을 알게 되어 인류 최초로 글로벌 시대의 서막을 열었다. 콜럼버스가 글로벌 시대의 기원을 개척한 리더라면, 브루넬레스키(Filippo Brunelleschi, 1377~1446)는 서구적 객관성의 기초인 '르네상스의 원근법(Perspective)'을 발견했다. 원근법은 사물의 크기가 거리에 비례해 축소되는 과정인데, 시선의 방향과 모든 직선이 소멸점(목표점)을 향해 수렴되면서 인간의 시선 중심에 놓인다. 여기서 인식의 주체성이 발전했고, 과학 발전의 기초인 '객관성'과 '합리성'이 나왔다.

1410년경 브루넬레스키는 피렌체 대성당의 지붕을 원근법을 처음 적용해 원형으로 설계했다. 피렌체 대성당은 건축 당시 100년 이상 걸렸으나 마지막 공사인 원형 지붕을 만들지 못하고 있었다.

너도 나도 성당의 마무리 공사를 맡으려 하자 브루넬레스키가 달걀을 똑바로 세우는 사람에게 맡기자고 제안했다. 서로 먼저 달걀을 바로 세우려 했으나 실패했다. 브루넬레스키가 콜럼버스처럼 계란 한 쪽을 깨서 세웠다. 사람들이 역시 비웃자 그가 말했다.

"내가 원형 지붕을 만들고 나면 그때서야 당신들도 만들 수 있을 것입니다."

시대를 앞서가는 리더의 발상은 알고 나면 쉬워 보이지만 그런 발상을 처음 하기란 결코 쉽지 않다.

늘 되물어라, 갈등을 표출시켜 역사적 맥락에 맞추어라

〈위키피디아〉(Wikipedia : 전 세계 200여 개국의 사용자가 참여하여 만드는 온라인 백과사전)의 정보량이 200년 역사의 《브리태니커 사전》을 추월하는 데 걸린 기간은 겨우 5년 정도였다. 다중(多衆) 지성의 협업(collaboration)의 가치가 무한하다는 것이 확인되는 순간이었다. 개인적으로 아무리 똑똑한 리더도 협업의 지능을 당하기 어려운 시대가 됐다. 인공지능이 인간의 전체 지능을 뛰어넘는 특이한(singularity) 시점이 다가오고 있다. 더구나 2040년 무렵이면 인간의 뇌 속에 컴퓨터칩을 심어 개개인이 곧 초지능화(超知能化)가 될 전망이다.

세상의 이 같은 변화에도 아랑곳하지 않고 지금도 고대 로마의 네로황제나 중국 진나라의 시황제처럼 황제 리더십을 추구하는 리더들이 있다.

대표적인 사람이 러시아의 푸틴(Vladimir Putin) 대통령이다. 푸틴은 이미 '현대판 차르'라 불리고 있다. 그는 소련국가보안위원회

사냥하는 블라디미르 푸틴(Vladimir Putin) 러시아 대통령

(KGB) 출신으로 총리에서 대통령으로 다시 총리를 거쳐 대통령으로 당선되어 17년 넘게 러시아를 지배하고 있다. 근래 러시아 헌법은 삼선을 금지했었다. 그러자 푸틴은 2000년부터 2008년까지 대통령을 연임한 뒤 총리로 물러났다가 개헌을 통해 다시 집권한 것이다.

지난 대선을 앞두고 푸틴은 프라이팬을 맨손으로 구부리고, 엽총을 들고 사냥하는 모습 등을 자주 노출했다. 그러면서 관제 혐의가 짙은 여성 팬클럽이 열광하는 모습을 보도했다. 이에 대해 미국 외교 전문지 〈포린폴리시〉는 푸틴의 러시아가 성(性)의 상품화 등을 통해 전체정치로 회귀하는 모습이라 규정했다.

푸틴은 대통령이 된 뒤 소득세를 인하하고 자신을 반대했던 재벌들에게 제재를 가하며 국민의 환호를 이끌어냈다. 그런 다음 야당을 길들여 철권통치를 하면서 장기집권을 위한 포석으로 친위대인 국가보안부(MGB)를 신설할 목적으로 정보, 치안 기관을 통합 중이다.

푸틴은 옛 소련의 부활을 꿈꾸고 있다. '옛 소련의 붕괴야말로 러시아 역사상 최대의 재앙이었다. 중앙아시아 국가들을 포함하는 유라시아 연합을 만들어야 한다.'는 야망으로 2014년 3월 군대를 보내 우크라이나에 속한 크림반도를 강제 병합했다.

황제형 리더십의 특징은 비판자를 제거하고, 소통을 할 때는 톱다운 방식의 일방적 지시만 내린다. 그런 분위기에서는 표면상 갈등이 자취를 감춘다. 그러나 민주 사회에서 갈등은 피할 수 없다. 정치학자 러스토(Dankwart Rustow)는 민주주의는 "갈등이 기반인 정치체제"라 했다. 갈등이야말로 민주주의의 동력이며 진정한 정의는 곧 갈등이다. 정의가 하늘에서 떨어진 가치가 아니라, 함께 사는 사람들이 각자의 의견을 공정한 절차를 통해 갈등하며 조율해내는 것이다.

따라서 갈등이 없다는 것은 어느 집단이 의사결정 과정에서 배제된 것이다. 정당한 절차를 통해 표출되는 갈등이야말로 사회 통합에 기여하고, 구성원들의 민주적 역량을 함양한다. 어떤 조직도 이해와 의견의 차이가 존재하기 마련이다. 거기서 발생하는 내부 균열(leavage)을 제도적으로 표출시켜 치유해나가는 것이 리더의 일이다. 그런데 푸틴처럼 아예 갈등의 표출을 막다가 언젠가 혁명적 상황이 도래한다.

억압 사회의 내면을 들여다볼 수 있는 키워드는 단연코 혐오이다. 다양한 정체성이 모여 사는 다중 사회에서 필연적인 갈등이 정상적으로 해소되지 못하고 왜곡된 형태로 나타나는 것이 혐오이다. 이처럼 미성숙한 조직의 중심에 황제형 리더가 있으며 비판적 사유와 성찰을 절대 허용하지 않는다.

그런 조직에서는 혐오의 정치가 판을 치며 꼭 누군가를 배제(hatred)하는데, 그것은 약자에게 폭력을 가하는 형태로 나타난다. 그들은 진리와 비진리, 우리와 적들, 나와 타자, 정상과 비정상, 선과 악, 천국과 지옥 등등으로 분리한다. 지배하는 그룹이 항상 진리가 되고 정상이 되고 천국 백성이 된다. 푸틴 정권도 이민자, 소수민족, 성 소수자의 차별을 부추겼다. 황제 리더십은 시대에 역행하는 리더십으로 변화에 적응할 수가 없다.

미래 세대 전문가 라이언 젠킨스(Ryan Jenkins)에 따르면 2020년에 필요한 업무 기술은 열 가지이다.

① 의미부여(Sense Making)
② 사회지능(Social Intelligence)
③ 새로운 것에 적응하는 사고(Novel and Adaptive Thinking)
④ 다문화 소화력(Cross Cultural Competency)
⑤ 컴퓨팅 사고력(Computational Thinking)
⑥ 뉴미디어 활용력(New Media Literacy)
⑦ 학문융합역량(Transdisciplinary)
⑧ 디자인적 사고 경향(Design Mindset)
⑨ 인지적 하중관리(Cognitive Load Management)

⑩ 네트워크 협동력(Virtual Collaboration)

리더에게 필요한 스킬이 변화하는 것은 지구촌이 스마트 기기로 연결된 글로벌 네트워크화가 되기 때문이다. 이런 역사적 맥락과 어울려야 성공하는 리더로 남을 수 있다. 변화의 속도가 상상이상이지만 변화 그 자체가 본질인 시대이다. 그 충격으로 시스템이 흔들리지 않도록 리더에게 충격 대비 능력(Hedge competence)이 필요하다.

앞으로는 조직의 수장을 리더라는 명칭 대신 해결사(Problem solver) 또는 통찰자(Insighter)라는 호칭으로 부르게 될 것이다. 그래서 리더에게 IQ(Intelligence Quotient), EQ(emotional quotient)보다 CQ(Communiciton Quotient)가 더 필요하다. 황제 리더십은 상명하복이 철저한 폐쇄적 문화에 적합하다. 우리 사회에서는 디지털 경제가 지난 2000년대 초반에 반짝 호황을 누렸다. 그 뒤 크게 융성하지 못하는 것도 뚜렷한 상하 문화 탓으로 보는 견해가 많다.

군사부일체(君師父一體) 식의 상명하복 관계에서는 리더는 늘 지시하는 사람이다. 디지털 사회의 리더는 구성원의 의견이 파편화(fragmentation)되지 않게 해야 한다. 즉, 구성원 간에 원활한 소통이 이루어져야 하며, 이는 조직의 사회적 질과 밀접하게 연결된다. 어느 한 조직의 질은 조직 구성원들 사이의 정보 흐름이 원활하고 투명하게 이루어지는지, 또한 의사 결정 과정에서 각자의 직무에 따라 적절하고 공평한 권한을 가졌느냐에 따라 결정된다.

리더는 자주 질문을 던져야 한다. 질문할 때 구성원의 인격을 건드리고 열등감을 자극하는 질문이 아니라 숨은 능력을 발휘할 수 있는 질문을 던져야 한다. 리더가 던지는 기발한 질문 앞에 본인도 생각지 못했던 대답을 발견해내는 경우가 많다. 리더는 자신의 것이 아니라 조직에 관한 것, 조직원에 관한 것을 질문하며 그들에게 돌아갈 이득이 무엇인지를 염두에 둔다.

리더가 먼저 비판적 성찰과 질문을 거시적이고 미시적인 두 방향에서 자신과 조직과 조직원들에게 던져보고 조직원들 또한 리더와 조직에게 같은 질문을 던지도록 해야 한다. 최선의 해답은 최선의 질문에서 나온다. 국가의 미래는 대통령의 협업 능력에, 조직의 미래는 리더가 조직의 개인들을 높은 성과를 달성하기 위해 참여시키는 능력에 달려 있다.

리더가 누구냐에 따라 조직의 지능 수준이 결정된다. 계몽군주 같은 리더는 조직원들에게 무언가를 자꾸 가르치려 든다. 무엇을 알려주려 하지 말고 상대가 무엇을 알고 싶은지를 아는 것이 중요하다. 이 시대가 원하는 리더십은 조직원들이 문제를 직면하도록 설득하고 문제 해결을 위한 발전적 방안을 마련하도록 돕는 것이다.

1960년 '뉴프런티어(New Frontier)'를 슬로건으로 미국 역사상 최연소(44살), 최초의 가톨릭 대통령이 된 케네디는 세계인과 미국인에게 적절한 질문을 던져 인류 평화에 대한 책임을 환기시켰다. 그는 취임식에서 이렇게 연설했다.

"……국민 여러분, 우리 프런티어 노선의 성공 여부는 여러분에게 달려 있습니다. 우리는 끊임없는 지구의 전쟁, 독재, 질병이라는 인류 공동의 적에 항거하라는 부름을 받았습니다. 저는 이 책임을 회피하지 않으며 기꺼이 받아들입니다. ……. 자, 여러분도 국가가 여러분을 위해 무엇을 해줄지를 묻지 말고 여러분이 국가를 위해 무엇을 할 것인가를 물으십시오. 여러분이 미국 시민이든 세계시민이든 간에 우리가 요구하는 것과 똑같은 수준의 노력과 희생정신을 우리에게도 요구하십시오."

존 F. 케네디(John F. Kennedy)

케네디는 아이젠하워 시대의 침체를 타개할 목표로 뉴프런티어를 내세워 닉슨을 눌렀다. 미국인들은 새로운 미국을 건설하자는 젊은 케네디에 흠뻑 빠졌다. 루스벨트의 뉴딜정책을 새롭게 한 케네디의 뉴프런티어는 국내적으로는 분배 중심의 정책이었고, 대외적으로는 자유와 인권을 위한 민주주의의 확산을 시도했다. 이때 파견된 평화봉사단이 한국 등 전 세계에서 활동했다. 케네디는 자신의 뉴프런티어 정책에 찬성한 유권자들에게 다시금 되물었다. 우리가 공유한 비전을 위해 당신들이 해야 할 일이 무엇이냐고.

청렴의 리더십, 권력과 부와 명예의 구성 비율

사회가 개인에게 주는 인센티브가 권력, 부, 명예이다. 조직의 사회적 성격에 따라 이 세 가지 인센티브의 구성 비율이 달라진다. 기업은 부, 권력, 명예의 순서라면 사법부, 행정부 등 공적 조직은 권력, 명예, 부여야 한다.

하지만 신자본주의 하에서는 이런 구성 비율이 무의미해지면서 자본으로 획일화되었다. 그래서 지금은 권력의 감시보다 자본의 감시가 더 중요한 시대가 되었다. 구성원 간의 유대감이 강한 조직을 위해서 권력과 부와 명예는 나뉘면 나눌수록 좋다. 18세기 서구에서 산업혁명이 일어나 도시 상공인들이 재산을 축척하기 시작했다. 이를 지키기 위해 "의회 없이 과세 없다."는 주장을 하면서 권력과 부가 분리되기 시작했다.

왕의 권력과 부를 지켜주는 왕당파에 맞서, 프랑스혁명, 영국 명예혁명 등 부르주아 혁명이 발발한다. 그때까지 종교는 절대왕정 체제를 지탱해주는 역할을 맡고 있었다. 하나님이 왕을 세웠기 때문에 항거해서는 안 된다는 왕권신수설과, 농노와 소작농들에게 천국을 위해 현생에서 순종하고 지내라는 교리를 주입했다.

프랑스혁명의 이론을 제공한 볼테르(Voltaire, 1694~1778)와 루소(Rousseau, 1712~1778) 등 계몽 사상가들은 권력의 하수인 노릇을 한 종교를 제자리에 돌려놓고자 했다. 볼테르는 모든 종교가 순전히 인간적인 것이며, 희망을 주는 사회적 역할에 그쳐야 한다고 보았다. 종교가 권력과 부와 결별하고 명예의 전당으로 들어가야 한다는 것이다.

특히 루소는 왕권신수설의 허구성을 드러냈다. 정치적 권리란 신의 선물도 아니고 부모로부터 세습되는 것도 아니다. 그런 권력은 불법적인 것이고, 사회계약(Le contrat sociale)을 통해서만 권력이 정당화된다. 인민의 일반적 의지만이 최고 권력이고 그것의 표현이 정치권력이다. 더 이상 종교가 권력의 후광 노릇을 하지 못하게 된 것이다. 그 뒤 종교는 큰 부자는 하늘이 낸다는 부자신수설로 인민을 미혹하려 하지만 호응을 얻지 못하고 있다.

이제 리더가 기댈 후광 효과는 거의 사라지고 공적 신뢰(public trust)가 제일 중요한 버팀목이 되었다. 리더가 자신의 권한을 개인적 감정 해소를 위해 사유화했다는 평가를 들으면 다시 리더가 되는 데 크나큰 결점이 된다. 청렴한 리더란 곧 리더의 권한을 공적으로 사용하는 것이다. 어떤 이들은 한국인들이 유난히 평등 의식이 강하다고 불평한다. 그러나 평등 의식은 인류의 보편 의식이다.

동서고금을 막론하고 '부유한 성자'는 없다. 물론 정치나 기업의 리더는 성자가 아니다. 리더십 분야에서 평등 의식의 동의어는 공정 의식이고 반의어는 권력 사유화이다.

사람들은 어떤 리더를 존경하는가? 많은 성과를 만들어내고도 그 성과를 분배할 줄 알며 청렴한 리더를 존경한다. 리더가 지나치게 권력을 사유화하면 칭송받지 못한다.

영국의 사회학자 존 로크(John Locke, 1632~1704)는 리더가 군이 절대 권력을 가질 필요가 없다고 보았다. 그 대신 자신도 "행복을 추구하고, 다른 이의 행복에 불을 붙이라."고 했다. 리더가 세상을 바꾸고 사람들을 이끄는 힘은 자기와 더불어 함께하는 이들의 행복을 증진시켜주는 데 있다. 권력 사유화를 통해 자기 욕심만 채운다면 그와 함께 오래 일할 사람도 없다.

사람들에게 부러움의 대상이면서 동시에 존경의 대상이 되어야 리더십이 제대로 행사된다. 존경받지 못하고 단지 부러움의 대상인 리더는 질투와 시기의 대상이 된다. 그러나 존경을 받는 리더가 시련을 당하면 사람들은 더 큰 지지와 힘찬 응원을 보내게 된다. 존경받는 리더는 자신에게 늘 묻는다.

"내 자리가 무엇을 의미하는가?"

"나는 내가 있어야 할 자리를 알고 있는가?"

"나는 이 자리를 누구의 유익을 위해 지키고 있는가?"

"나는 이 자리에서 조직원의 행복을 위한 목소리를 내고 있는가, 내 사익만 추구하고 있는가?"

우리나라 최초의 여왕은 신라 27대 선덕여왕이다. 선덕여왕은 몰락한 진골 출신 김춘추와 김유신을 발탁하여 삼국 통일의 기초를 닦았다. 《삼국사기》에는 선덕여왕이 "관인명민(寬仁明敏)"하다고 하여 인자하고 관대하며 현명했다고 기록되어 있다. 존경받는 리더였다는 것이다. 여왕의 리더십을 보여주는 사례가 《삼국유사》에 기록된 지기삼사(知幾三事)이다.

첫째, '향기 없는 모란꽃'이다. 당 태종이 보낸 붉은색, 자주색, 흰색의 모란꽃 그림을 보고, 그림에 벌과 나비가 없다며 꽃에 향기가 없음을 알았다.

둘째, 몰래 숨어들어온 적군을 물리쳤다. 추운 겨울철인데도 영문사 근처 옥문지(玉門池)에서 개구리가 떼 지어 운다는 보고를 받고 군사를 여근곡(女根谷)에 보내서 매복하고 있던 적병 500명을 섬멸했다.

셋째, 자신이 임종할 날을 미리 알고 낭산(狼山) 남쪽에 있는 도리천에 묻어달라고 했다. 민간에 전해 내려오는 설화이지만 당시 신라인들이 선덕여왕을 리더로 존경했음을 알 수 있다.

리더가 개인의 사리사욕에 집착하는 조직은 생명력이 길지 못하다. 리더가 많은 업적을 쌓고도 과도하게 사치스러우면, 그 리더의 많은 업적이 공공을 위한 것이 아니라 결국 개인의 욕구 충족을 위한 것으로 비쳐진다.

헨리 포드(Henry Ford, 1863~1947) 이후 경영자로서 가장 영향력이 큰 리더가 월마트의 창시자인 샘 월턴(Sam Walton, 1918~1992)이다.

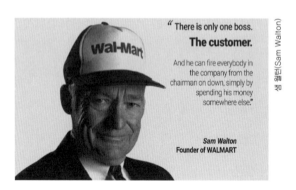

샘 월턴(Sam Walton)

월마트는 저렴한 가격 목표(EDLP : every~day low~price)를 달성하기 위해 정확한 정보 시스템을 구축하고 완벽한 물류 시스템을 지향하고 있다. 월마트는 저가격 정책을 위한 저비용 구조를 구축하여 철저하게 고객 만족을 추구하여 성공했다. 샘 월턴은 고객 만족도가 직원들의 만족도와 비례함을 알았다.

"보스는 한 사람, 오직 고객뿐다. 고객이 다른 상품에 돈을 쓰면 우리는 회장부터 말단 직원까지 해고된다."

샘 월턴은 이와 같은 지론으로 1962년 월마트를 설립했고 1991년 미국 소매업계 1위를 차지했다. 유통 혁명의 근원인 저가 정책 때문에 저임금 양산자라는 비판을 받았다. 그럼에도 불구하고 세계적 경영 컨설턴트 짐 콜린스는 샘 월턴이 자신보다 회사가 더 위대한 조직이 되도록 헌신했던 리더라고 칭찬했다. 그가 경영에서 제일 중시하는 것은 현장 직원과의 대화였다. 그는 수시로 비행기를 타고 직접 매장을 찾았다. 종업원들은 시골 출신으로 세련되지 못한 샘 월턴을 만나면 '미스터 샘'이라 부르며 현장 상황을 가감 없이 전달했다.

월턴은 그 자리에서 문제점을 수정해주었고 출장지에서 숙박할 때도 직원들과 같은 방에 묵었다. 회장 집무실도 창고 한구석에 있었다. 그러나 매장에 과감한 투자를 하여 업계 최초로 첨단 시스템을 도입했다. 또한 장기근속한 직원에게 거액의 보너스도 주었다. 그는 자신에 대해 인색했지만 회사를 위대하게 만들기 위한 투자에는 과감했다.

그는 직원을 향해 '동료'라 부르며 회사의 가족임을 상기시키는 수평적 문화를 만들었다. 또한 철저한 현장 중심의 경영을 강조했다. 사장을 비롯한 경영진이 매주 매장을 직접 돌며 현장에서 문제점을 발견하고 빠르게 해결했다. 그 같은 수평적 리더십은 그의 청렴한 삶에서 더욱 빛났다.

샘 월턴은 1992년 세상을 뜨기까지 월마트에서 직접 구입한 저렴한 옷을 입고 낡은 픽업트럭을 직접 몰고 물건을 배달하러 다녔다. 호텔비가 비싼 뉴욕에서는 직원들과 마룻바닥에서 함께 잤는데 이유는 간단했다.

"비용을 절약해서 고객의 돈을 아껴야 한다."

샘 월턴은 경쟁사의 리더들이 과시하는 호화로운 사무실, 요트, 골프, 비행기 특등석을 경멸하는 청렴한 무사무욕(無私無慾)의 문화를 남겼다. 이런 그가 유명을 달리했을 때 종업원들은 믿을 만한 친구를 잃었다며 슬퍼했다.

월마트의 미래는 유통의 제왕인 샘 월턴 전 회장이 남긴 문화를 얼마나 잘 지켜나가느냐에 달려 있다.

"돈을 추구하지 마라. 당신의 꿈을 추구하고 그것을 집요하게 좇아라."

Winning
Leadership

조직 역량을
향상시키는가

- 조직 관리 리더십

사람이 2명 이상이 모이면 조직이다. 사람들은 작고 큰 조직을 형성해 개인적 한계를 연대의 힘으로 극복하려 한다. 과거와 달리 갈수록 사안별로 연대하는 임의 조직이 많아지고 있다. 사안별 정체성을 반영해 조직의 목표를 설정하고 자발적 참여를 이끌어내는 리더십이 필요하다.

리더는 합창단의 지휘자와 같다. 유능한 지휘자는 각 파트별 특성이 무엇인지 잘 알고 있다. 또한 단원별로 장점을 파악한 다음, 각 단원의 특징이 홀로 두드러지지 않고 전체 화음과 어울려 최고의 소리가 나오도록 유도한다. 이런 조율의 과정을 주도하려면 리더 자신이 먼저 팀워크를 이룰 줄 알아야 한다.

개인적으로는 우수한 인재인데 도무지 팀워크를 이루지 못하는 사람들이 있다. 마치 트러블 메이커처럼 가는 곳마다 분란이 일어난다. 이런 인재가 리더가 되면 조직이 산산조각 난다. 별다른 이유 없이 자신의 왜곡된 기질로 소란을 일으키는 사람도 조직에 해를 끼치지만 조직 내 편법과 감춰진 불법행위를 묵인하고 자신만의 안위를 도모하는 사람도 조직을 멍들게 한다. 이 같은 두 부류 조직원을 잘 골라내 조직에서 내보내는 것도 리더가 할 일이다.

평온한 연못을 미꾸라지 한 마리가 어지럽힌다. 악화가 양화를 구축하듯 트러블 메이커 한 사람으로 인해 조직 전체의 역량이 소진된다. 피스 메이커형 리더는 어떤 조직을 맡든지, 조직의 역량을 배가시킬 수 있다. 조직 역량 강화의 열쇠는 먼저 리더가 얼마나 팀워크를 잘 만들 수 있는가에 달려 있다.

그다음으로는 리더가 조직원들에게 조직의 사명을 확고하게 심어주면, 조직 역량이 증가하기 시작한다. 사명이 분명한 조직은 목적과 수단을 혼동하지 않는다. 각 조직마다 그 조직의 사명이 있다. 국가 조직, 시민 단체, 복지 기관, 언론기관, 학교, 공기업, 마케팅 조직, 출판사, 종교 조직 등 그 조직의 존재 목적이 있고, 그 목적에 위반되는 수단을 사용했을 때 조직은 해체 위기를 만난다.

리더가 조직의 사명에 충실할 때, 사명 달성을 위해 정당한 수단을 동원하여 조직과 개인의 역량을 극대화한다. 정치를 살아 있는 생물이라 말하듯, 조직도 살아 움직이는 유기체이다. 살아 있다는 것, 그 자체가 리스크를 안고 있다는 것이다. 팀워크가 잘 되어 있고 조직의 사명감이 충만한 조직은 리스크 앞에서 더 강하다. 또한 리스크를 새로운 도약의 기회로 만든다.

조직의 리스크에 가장 예민한 부분이 보상 구조(incentive structure)이다. 보상 구조의 형태에 따라 보상이 조직 활성화에 기여하기도 하고 발목을 잡기도 한다. 무엇보다도 조직 역량의 유인 구조인 보상과 처벌 등 평가 체계가 모든 조직원이 객관적이며 투명하다고 공감할 수 있어야 한다.

변화에 맞는 전략적 유연성, 약점을 기회로

1971년 3월 8일, 뉴욕 메디슨 스퀘어 가든의 상설 링에서 '세기의 대결'이 벌어졌다. 전 세계 35개국의 3억 명 이상이 텔레비전과 라디오를 통해 이 경기에 열광했다. 무하마드 알리(Muhammad Ali, 1942~2016)와 조 프레이저(Joe Frazier, 1944~2011)는 이날 처음으로 만나 WBC · WBA 헤비급 타이틀 챔피언전을 치렀다. 알리는 31전 전승에 26KO승, 프레이저는 26전 전승에 23KO승으로 둘 다 세계 최강의 주먹을 가졌다. 당시 알리는 인종차별과 전쟁에 반대하는 진보 진영의 상징이었고, 프레이저는 보수층의 절대적 지지를 받았다.

"나비처럼 날아 벌처럼 쏜다(Float like a butterfly, and sting like a bee)."

알리는 전형적인 아웃복서로 화려한 워킹과 잽으로 프레이저를 치고 빠졌다. 알리는 탱크처럼 밀고 들어오는 프레이저와 15라운드까지 혈투를 벌였으나 다운되었다. 프로 선수 생활 이후의 첫 패배였다.

그 뒤 알리는 베트남전쟁에 반대해 법정에 섰다.

"미국이 말만 조국이지 흑인이라고 무시당하며 제대로 된 자유도 누리지 못합니다. 그런데 흑인을 무시한 적도 없는 베트콩과 싸워야 합니까?"

이 말에 할 말을 잃은 재판부는 알리를 방면했다. 그는 헤비급 타이틀과 프로 복서 자격까지 박탈당하고 법정 다툼으로 3년 6개월이라는 긴 공백 기간을 보내며 그만의 장기인 나비와도 같은

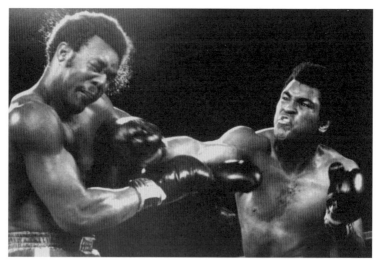

조지 포먼과 무하마드 알리(오른쪽)

경쾌한 스텝이 무뎌졌다. 프레이저에게 패배한 뒤 알리는 변신했다. 현란한 풋워크로 노 가드 무빙을 하며 기습적인 소나기 펀치로 KO승을 얻던 전술에서, '로프 어 도프(rope a dope)' 전술을 고안했다. 정면 승부 대신 로프의 신축성에 기대어 상대가 휘두르는 주먹의 충격을 완화시킴과 동시에 그 반동을 이용해 벌처럼 가격하는 전술이다. 프레이저와의 첫 대결에서 패배로부터 3년도 더 지난 뒤 알리는 새로운 전술로 프레이저와 재대결에서 이겼고, 1년 뒤인 1975년 세 번째 대결에서도 이겼다.

'떠버리' 알리는 대결의 전 과정에서 끊임없이 상대를 화나게 해 상대가 날뛰도록 자극했다. 프레이저에게 '엉클 톰', '고릴라', '백인의 챔피언', '흑인의 뒤통수를 친 배신자'라고 놀려댔다. 알리가 자극하는 말을 들은 상대방은 흥분해 자기 페이스를 잃고 알리의 계략에 말려들곤 했다.

그뿐 아니다. 1974년 10월에도 알리는 자신보다 8살 아래인 24살의 조지 포먼(George Foreman)을 쓰러뜨렸다. 당시 조지 포먼은 역대 최강의 주먹이었고 도박사들은 모두 포먼의 승리를 장담했다. 이 경기에서도 역시 알리는 로프에 기대어 포먼의 주먹세례를 견디다가 8라운드에 순식간에 코너에서 빠져나오며 포먼의 얼굴에 오른쪽 스트레이트를 가격해 KO승 했다.

알리는 만능 복서였으며 만능 전략가였다. 그는 언제나 자신에게 맞는 전략을 발굴해냈다. 한때 자신에게 익숙한 전력도 노쇠해진 체력에 맞는 전략으로 바꿨다. 이와 같이 리더도 자기의 약점과 조직의 약점을 강점으로 전환시키는 역발상을 해야 하며, 동시에 상대의 강점을 약점으로 만드는 전략을 만들어내야 한다.

《타임》에 가장 영향력 있는 인물로 선정된 알리(Muhammad Ali)

수십 년간 콜라 업계의 챔피언 자리를 놓고 다투었던 코카콜라와 펩시콜라. 콜라 시장에선 여성의 S라인 몸매를 연상시키는 병모양과 특이한 로고를 가진 코카콜라가 시장을 선점하고 있었다. 펩시는 상대의 장점이 약점으로 보이도록, 자신의 약점이 그 대안으로 보이도록 하는 캠페인을 펼쳤다. 오랜 상징인 병을 버릴 수도 없던 코카콜라는 구세대 음료이며, 펩시콜라는 신세대가 선호하는 음료라는 것이다. 오랜 전통으로 시장 선점 효과를 톡톡히 누리던 코카콜라는 그로 인해 곤욕을 치러야 했다.

현명한 리더는 상대의 약점을 공략하나, 자기 약점을 성공의 기회로 만든다. 그리스신화의 영웅 아킬레우스에게도 약점이 있었다. 그는 아름다운 바다의 여신 테티스와 펠레우스왕 사이에서 태어났다. 테티스는 갓 태어난 아킬레우스를 스틱스 강물에 담가 어떤 상처도 입지 않는 몸을 만들었다. 저승의 강인 스틱스 강물이 몸에 닿은 사람은 불사신이 된다. 그런데 테티스가 아킬레스를 물에 담글 때, 강물에 휩쓸려가지 않도록 발목을 붙잡고 있었기 때문에 발목 뒤의 힘줄이 물에 젖지 않았다.

소년이 된 아킬레우스는 켄타우로스족의 현명한 인물인 케이론에게 학문과 무술을 익혔다. 아킬레우스는 점차 무적의 용사가 되어갔다. 등이나 목, 얼굴 등 신체 어느 부위에 화살이나 칼 등 어떤 무기로 공격을 받아도 작은 상처조차 입지 않았다. 그러나 어머니 테티스의 손이 닿았던 발목 뒤 힘줄만큼은 치명적 약점으로 남아 있었다.

아킬레우스가 오디세우스를 따라 트로이전쟁에 참가하려 하자 테티스가 말렸다. 그러나 아킬레우스가 참전해야 트로이를 이긴다는 예언을 들은 뒤였고, 아킬레우스는 자신의 용맹을 과시하고 싶어 참전하고자 했다. 그는 과연 가는 곳마다 완승했다. 아킬레우스는 무수한 칼과 창, 바윗돌, 화살을 맞아도 끄떡없었다.

그러나 트로이의 왕자가 쏜 화살이 아킬레우스의 발목 힘줄에 적중하는 순간 쓰러졌다. 불사신 아킬레우스에게도 몸 전체에 비해 정말 작은 부분에 약점이 있었다. 어떤 위대한 사람들도 아킬레스건(腱)이 있다. 아킬레스건의 많고 적음에 따라 성공 여부가 달라지는 것은 아니다.

위대한 리더 가운데 장점보다 약점이 훨씬 많음에도 불구하고 극복한 사람이 많다. 인간이 가질 수 있는 모든 결점을 안고도 성공한 헬렌 켈러, 임기 초반의 정책 실패와 르윈스키 관련 스캔들을 극복하고 성공한 대통령 빌 클린턴 등이 있다. 오바마 역시 '약점을 자산으로 만드는 리더십'을 가졌다. 어린 시절 흑인을 따돌리는 친구들에게 화를 내지 않고 오히려 웃음는 얼굴로 대해, 적을 동료로 만드는 법을 배웠다. 그는 아버지가 없는 소위 역기능 가정에서 자랐다. 역기능 가정이란 말은 양부모 가족 지상주의자들의 편견이기는 하지만 이런 핸디캡이 오히려 오바마의 리더십을 갖추는 토양이 되었다.

리더는 자신의 핸디캡을 발전과 성숙의 기회로 사용할 줄 알아야 할 뿐 아니라 조직원들도 똑같은 방식으로 대한다. 조직의 혁신을 위해 더 나은 미래를 말하며 잠재력을 격려한다.

리스크 관리를 잘한다

아무리 완벽한 조직도 허점이 있고 물샐 틈 없는 작업 공정도 빈틈이 있다. 리더는 이런 리스크들을 잘 파악하고 대처하는 관리 능력을 갖추어야 한다. 리더가 내리는 어떤 결정도 어느 정도의 위험은 내포하고 있다. 위험 회피형 리더는 혁신을 회피하고 현상에 안주하려는 사람이다. 발전이냐, 퇴보냐 양극단만 존재하는 현대사회에서 안주는 곧 성장과 발전의 기회를 포기하는 것이다.

리더는 쉬지 않고 변화하는 상황에 불안정하게 노출된 정보를 근거로 어려운 결단을 내린다. 이런 여건에서 일단 위험을 제대로 파악하는 능력이 효과적 리더십 발휘의 출발점이 된다.

식민지 쟁탈전의 여파로 1914년부터 4년간 벌어진 제1차 세계대전의 주요 전술은 참호전이었다. 참호 속에 들어가 기관총을 쏘면서 적의 침투를 막았다. 기관총을 사용하면서 오랜 세월 전쟁에서 사용되었던 장사진(長蛇陣), 안행진(雁行陣), 방진(方陣) 등 진을 치고 싸우던 라인 배틀 전투방식이 사라진다.

제1차 세계대전을 겪으며 보병의 큰 피해 없이 참호선을 돌파하려고 탱크 등 신무기들이 개발되었다. 그래서 1939년부터 전개된 제2차 세계대전에서는 전술이 바뀌었다. 먼저 폭격기와 포병이 적진을 폭격하고 전차를 앞세운 보병이 점령했다. 제1차 세계대전 이전의 라인 배틀. 제1차 세계대전의 참호전에 이어 제2차 세계대전은 입체적 전투였다. 비행기 등을 동원한 공중투하, 거대 군함의 상륙전, 잠수함들을 이용한 침투전, 탱크 등으로 포위하고 전격전을 하는 등 육지와 바다, 하늘 등 삼면에서 입체적 공방을 주고받았다.

중국이 변화를 거부하고 구시대 국가로 전락할 위기에 놓인 1979년 덩샤오핑은 세계를 향해 문을 열었다. 중국내 보수파들이 체제의 붕괴를 우려해 반기를 들기도 했다. 그런 리스크를 최소화하는 덩샤오핑의 방법이 '돌을 만지면서 강을 건너기'였다. 일부 지역을 조금씩 개방하면서 상황의 진전에 따라 개방해가는 것이었다. 그래서 중국에서 마오쩌둥을 산으로, 저우언라이를 물로 비유한다면 덩샤오핑은 산 넘고 물을 건너 길을 만든 리더로 평가받고 있다

리더가 리스크를 관리할 때 단지 손실을 없애거나 줄이는 것만을 목적으로 하지는 않는다. 리스크를 목표 달성 전략의 하나로 이용하면 리스크로 인한 손실 관리는 부수적 효과로 따라온다. 리더는 리스크 관리를 '위기를 기회로 만드는 전략적 차원'에서 접근한다. 니콜라 사르코지(Nicolas Sarkozy) 전 프랑스 대통령은 자주 "기회는 위기 속에 있다."고 말했다. 2008년도에 금융위기를 만나자 망설이는 부시를 설득해 G20 정상회담을 성사시켰다. 이 회담에서 EU의장국 지위를 충분히 활용한 덕에 그의 지지도는 급상승했다.

글로벌 금융위기 가운데 각국 정상들 중 사르코지가 가장 돋보였다. 레임덕에 빠진 부시 대신 주요 8개국과 유럽(G8~EU) 정상회담에서 신브레튼우즈 체제를 제창했고, 아시아와 유럽(ASEM) 회의에서도 새로운 글로벌 금융구제 시스템의 논의를 주도했다. 이

니콜라 사르코지(Nicolas Sarkozy) 전 프랑스 대통령의 리더십을 표현한 포스터

때문에 세계 각국에서 사르코지의 리더십을 두고 9·11사태를 잘
수습한 전 뉴욕시장 루돌프 줄리아니(Rudolph Giuliani)와 비교하며
위기 가운데로 들어가 엄청난 에너지로 해결책을 실천하는 리더
라는 칭찬을 받았다.

　조선시대 이순신 장군도 위기를 기회로 만드는 리더였다. 선조
는 겨우 12척의 남은 배로 수군을 유지하기가 어렵다고 보고 이

순신에게 차라리 육군에 편입하라고 말했다. 그때 이순신은 "신에게는 아직도 열두 척의 배가 있사옵니다."라는 유명한 말을 남기고 12척의 배로 세계 해전사상 전무후무한 기적을 일으킨다.

이순신 영정(전쟁기념관 소장)

명량해전이 벌어지기 전날 위기의식을 느껴 미리 겁을 먹고 도망가는 군사도 있었다. 이순신은 결전을 하루 앞두고 두려워하는 부하들을 모아놓고 다독였다.

"병법에 이르기를 반드시 죽을 각오로 싸우면 살 수 있고 반드시 살려고 한다면 죽는다(生則必死, 死則必生)고 했으며, 한 명의 병사로도 길목을 지킨다면 천 명의 적도 두렵게 할 수 있다고 했다."

다음 날 이순신은 서해의 가장 좁은 해협인 명량해협(鳴梁海峽)에서 왜적선 333선이 다가오는 것을 막아섰다. 대규모 선단에게 불리한 좁은 바다 길목을 이용했고, 때마침 북서쪽으로 흐르던 해류가 남동 쪽으로 바뀌어 조선 수군에게 유리했다. 명량해전에서 이순신은 12척의 배로 왜군을 1만 8천 명이나 수장시켰다. 이 지역

리스크 관리를 위한 다섯 가지 원칙

1. 지향점이 분명한 목적을 세운다.

이순신 장군은 12척의 배로 왜군의 대 군단을 이기고자 했다. 가려는 곳이 어딘지 알기 전에는 원하는 곳에 도달할 수 없다. 일본 수군의 전멸이라는 목적 달성을 위해 울돌목 전투는 포기할 수 없는 필수 목표이다. 목적에 따른 목표를 세우되, 먼저 필수와 선택으로 나눈 다음 선택적 목적의 순위를 정한다.

2. 어떤 리스크가 있는지 파악해본다.

파악된 리스크 중에서 회피할 것과 불가피한 것을 구분한다. 짊어지고 가야 할 리스크가 있으며 회피해야 할 리스크가 있다. 자기 짐도 지지 않으면서 남이 원하지 않는 짐까지 지고 갈 필요가 없다.

3. 불가피한 리스크를 최소화하고 기회로 활용 방안을 마련한다.

내가 맡으려 하는 리스크가 혼신을 다할 경우 감당할 만한지를 확인한다. 감당치 못할 리스크는 회피한다.

4. 조직 내의 공감대를 충분히 형성한다.

5. 위 과정을 피드백하고 대담한 결정을 내리고 바로 행동한다.

이미 위험을 파악했고 대책과 반전의 방안까지 마련되었으면 전진하기를 두려워해서는 안 된다. 리더의 체면 때문이 아니라, 항상 책임을 져야 한다는 의식이 필요하다. 사람들은 결단력 있는 리더를 따른다. 머뭇거리면 위의 단계를 다시 밟아야 하는 상황이 된다. 진정한 리더는 기꺼이 본보기가 된다.

은 폭이 좁고 물살이 빨라 우는 소리가 난다 하여 울돌목이라 불렸다.

리더는 위기 상황에서 분명한 책임을 져야 한다. 리더는 울돌목의 이순신처럼 자기 일에 대한 자신감과 함께 적의 장단점을 잘 파악하고 결단하여 파생되는 위기를 기회로 만들어야 한다. 현대 사회는 리스크가 도처에 깔린 위험 사회이다. 발전 과정을 미처 보안 수준이 뒤따라가지 못하고 있다. 이런 위험요소가 오히려 새로운 리더들이 탄생하는 틈이며 기회이다.

시리얼을 개발한 포스트(C. W. Post)는 원래 실리콘밸리와 미시간을 왕래하는 세일즈맨이었다. 세일즈 도중에 무카페인 커피를 개발해 무료로 나누어 주어 성공한다. 그는 당시 산업화 사회에서 아내들도 직장을 갖게 되리라 예견하고 직업을 가진 주부와 가족이 아침식사를 간편히 할 수 있는 시리얼을 개발했다. 이전에 볼 수 없었던 전혀 새로운 개념이었다. 진정한 리더에게 위기란 회피 대상이 아니라 자기 역량을 개발하고 드러내는 기회다.

목적과 수단을 잘 구분하라

리더는 사람을 다룬다. 리더가 해야 할 많은 일 가운데 핵심은 사람을 관리하여 목표를 달성하는 것이다. 리더가 조직하고 비전을 세우며 업무를 분담하고, 권력을 위임하고, 성과를 낸 다음, 평가하는 모든 과정의 핵심이 인간 관리이다. 따라서 리더에게 사람은 모든 일을 성취하는 주요 방편이다.

사람이 하는 일 모두가 그렇듯이 리더가 하는 어떤 일도 단번에 영원히 만족할 만큼 목표를 달성할 수는 없다. 인류가 존속하는 한, 조직도 존재하고 조직이 존재하는 한 목표 설정과 달성, 그리고 새로운 목표 설정은 끊임없이 반복될 것이다. 따라서 조직원은 목표 달성의 수단이면서 영원히 새로운 목표를 함께 추구해야 할 대상으로 목표 그 자체보다 훨씬 더 소중한 존재이다.

춘추전국시대 백아(伯牙)의 거문고 소리는 변함없이 사람의 심금을 울렸다. 배우 출신인 레이건은 대통령이 되고 나서도 국민들의 마음을 움직이고 친근함을 느낄 수 있는 표정을 짓기 위해 며칠 밤을 새워 연습했다고 한다. 그는 대통령이라는 목표를 달성한 뒤에도 사람들의 신뢰를 쌓는 노력을 계속한 것이다.

사람을 돈벌이의 수단으로만 보는 사람은 재벌 회장이라도 장사치에 불과하다. 진정한 상인은 고객의 욕구를 충족시키고 신뢰를 구축해가는 데 모든 힘을 기울인다. 레이건은 대통령 재임 시절 영국 마거릿 대처 총리 함께 신자유주의를 확산시킨 리더였다. 이런 레이건과 정반대 정책을 편 오바마가 레이건이 "국민에게 미래를 낙관하는 정신을 회복시켰다."며 최고의 찬사를 보냈다. 개인적인 여러 가지 실수와 정책적 실패에도 불구하고 레이건이 당파를 떠나 국민의 지지를 받는 통합의 리더로 성공한 그 리더십에 존경하는 마음을 보낸 것이다. 레이건이 당시 미국에 가장 필요한 국민적 자신감을 불어넣을 수 있었던 것은 어떤 정책을 결정할 때에도 진정성을 담았기 때문이다.

신뢰는 벽돌쌓기와 같다. 하나하나 쌓아올리는 데는 많은 시간이 걸리지만 순식간에 허물어진다. 조직 이론에서는 조직의 출발과 성장 후에 자주 일어나는 병리 현상으로 '목적과 수단의 도치'를 지적한다. 조직이 작을 때는 목표를 위해 조직이 존재하나 조직이 커지면 조직 자체가 목적이 되는 경우가 있다. 조직을 살리고 조직의 번영을 위해 원래 조직이 품었던 본질적 목적은 수단으로 전락하고 만다. 본래 목적을 상실한 조직은 존재 이유가 사라져 내리막길을 걷게 된다.

발레리우스는 BC 509년 로마의 2대 집정관이었다. 원래 큰 부자였으며 집정관이 된 뒤 출전하는 전쟁마다 승리했다. 그러자 곧바로 시민들에게 큰 인기를 얻었다. 그러나 집정관이 된 지 100일째 되던 날부터 로마인들로부터 원망을 듣기 시작했다. 그 이유는 발레리우스가 전쟁터에서 돌아올 때 고대 왕이나 하던 방식인 네 마리 백마가 끄는 마차를 타고 왔기 때문이다. 거기에 베리안 언덕에 대저택을 짓고 사는 것도 로마인의 반감을 사게 되었다.

"발레리우스가 공화정을 폐지하고 황제가 되려 한다."

이 근거 없는 풍문으로 로마가 술렁거렸고 민심은 나날이 사나워져갔다. 외적이 침입해 동원령을 내려도 시민들이 응하지 않고 계곡에 모여 농성했다. 높은 언덕 위의 저택에서 이 광경을 지켜보던 발레리우스는 친구를 불러 혹독한 여론을 청취했다.

발레리우스는 바로 그날로 저택을 말끔히 부수고 낮은 습지의 낡은 집으로 이사했다. 낡은 집의 대문은 항상 열어두었고, 신분을 묻지도 않고 누구든 들어와 하고 싶은 이야기를 마음껏 하도록 했다. '평민도 집정관에 오를 수 있다'는 새로운 법을 만들었고 내각도 귀족 중심에서 평민이 대거 참여하는 구조로 바꾸었다.

자신의 전 재산을 털어 하수도를 개선하고 도로를 만들자, 로마 시민들의 마음이 서서히 돌아섰다. 군대도 평민 중심으로 만들어 전쟁마다 승리했고, 그 뒤 연속 다섯 번이나 집정관에 선출되었다. 그가 숨을 거두었을 때, 장례비용조차도 남지 않았는데, 그가 죽은 뒤 로마인들은 '시민의 친구(포플리콜라)'라는 최고로 명예로운 호칭을 부여했다.

발레리우스 가문은 동로마제국의 멸망한 15세기 중반까지 거의 2,000년 동안 로마 최고의 명문가로 존중받았다. 발레리우스가 집권 초기 잠시 성공에 취해 집정관의 목적과 수단을 혼동했고, 그로 인해 리더로서의 판단력이 흐려졌다. 영민했던 리더가 세월이 흐르고 조직이 커지면서 아둔해지는 것도 목적과 수단이 뒤바뀌었기 때문이다.

조직의 사기를 높이는 보상, 저하시키는 보상

"인생이란 원래 공평하지 못하다. 그런 현실에 대해 불평할 생각을 하지 말고 받아들여라."

빌 게이츠가 어느 고등학교 졸업 연설에서 한 말이다. 현명한 리더는 사람이 결코 이상적인 존재만은 아님을 잘 안다. 만일 사람이 이상적인 존재라면 인생에 불평등은 존재하지 않을 것이다.

〈파우스트〉 영화 포스터(1926)

그러나 교과서적 리더십 이론은 인간의 속성과 사회적 현실을 도외시한 측면이 있다.

인간은 선한 본성과 악한 본성을 다 가지고 있다. 그래서 맹자는 성선설을, 순자는 성악설을 주장했던 것이다.《한비자》에 이런 이야기가 있다.

어떤 마을에 큰비가 내려 부잣집 담벼락이 무너졌다. 그 집 아들이 말했다.

"아버지, 도둑이 들지 모르니 빨리 담을 고쳐야겠어요."

잠시 뒤 한마을에 사는 사람이 부자에게 같은 말을 했다.

"저러다 도둑들겠네요."

과연 그날 밤 도둑이 들어 부자의 패물을 훔쳐 달아났다. 다음 날 부자는 자기 아들에게 현명했다고 칭찬하고, 같은 말을 해준 마을 사람을 도둑으로 의심했다.

같은 성과를 내더라도 리더의 호감도에 따라 평가에 달라진다면 조직원의 사기가 저하될 것이다. 그때부터 조직원들은 성과보다 리더와 친밀함을 유지하기 위해 몰두한다. 신상필벌(信賞必罰)의 객관성을 유지하는 리더가 생각 외로 많지 않다.

성악설에 치우친 리더는 직원을 보상과 처벌로 이끌려고 하고, 성선설에 치우친 리더는 사람들을 고매한 이념과 원리로 이끌려 한다. 그러나 인간이란 존재는 지킬과 하이드처럼 양면성이 있다. 괴테의 《파우스트》에 인간의 양면성이 잘 드러난다.

"모든 이론은 회색이요, 영원한 것은 오직 푸르른 생명의 나무이다."

그런 신념으로 영혼을 팔아 젊음을 얻고자 했다. 끝없는 자아 확장 욕구와 도구적 합리성에 빠져 만족할 줄 모르고 목적 달성을 위해 수단과 방법을 가리지 않았던 파우스트의 인생은 결국 자아 해체와 파멸로 마감한다. 파우스트의 후반부에 나오는 악마 메피스토펠레스의 말이 의미심장하다.

"나는 언제나 악을 원하죠. 그러면서도 언제나 선을 창조하는 파워의 일부랍니다."

인간의 선과 악의 양면은 결국 한 인격 안에 있다. 심리학자들의 견해를 종합해보면 인간의 한 인격 안에 있는 양면성의 하부에는 '생존 본능'이 있고, 중간에는 '인정 욕구'가 있으며, 상부에는 '자기실현의 의지'가 자리 잡고 있다. '생존 본능' 속에 식욕, 성욕, 안전 본능이 있으며 '인정 욕구' 안에 사랑과 존경 욕구가 있다. '자기실현의 의지' 속에는 다른 사람의 시선이나 기대와 평가를 초월해 자기만의 적성에 자족(自足)하며 살려는 의지가 있다.

조직을 잘 이끄는 리더는 이런 인간의 본성을 충분히 긍정하는 리더십을 가지고 있다. 사람들은 한 인격 안에 세 단계의 '욕구'를 가지고 산다. 세 단계의 '욕구'는 아래 단계가 충족되면 중간 단계로, 중간 단계가 충족되면 상부 단계로 나아가는 것이 보통이나, 하부 단계가 덜 충족되어도 그 위의 단계들을 중요하게 여기며 사는 사람도 있다.

세 단계의 욕구로 나눠 본 직원들의 성향

단계	성향	보상 기준
1	현실적으로 기본욕구(식욕, 성욕, 안전)가 급한 사람	금전적 보상
2	기본욕구가 채워져도 그 본능에만 머물러 더 만족하고 싶은 사람	금전적 보상
3	이미 기본욕구가 충족되어 중간 욕구(사랑, 존경)를 추구하는 사람	공개적 칭찬
4	기본욕구가 조금 부족해도 중간 욕구를 더 갈망하는 사람	공개적 칭찬
5	중간 욕구가 충족되어 상부 욕구(적성, 자족)를 실현하려는 사람	자기 계발의 기회, 휴가, 독립 프로젝트, 권력 위임 등
6	중간 욕구가 덜 채워져도 상부 욕구를 추구하며 유유자적하게 사는 사람	자기 계발의 기회, 휴가, 독립 프로젝트, 권력 위임

리더는 보상의 방향을 정할 때, 직원들의 욕구 방향을 충분히

참고해야 한다. 더불어 선하고 악한 본성을 함께 가진 사람들이 모인 집단의 현실을 직시하고 조직의 생산성에 도움이 되는 기본 원칙을 정해놓아야 한다.

공평무사한 보상

리더가 조직 안에서 하는 모든 행위는 정치적 의미를 갖는다. 심지어 부주의한 말 한마디까지도 조직의 사기에 영향을 미친다. 직원들은 칭찬이나 감사의 한마디, 농담 삼아 했던 말 한마디에 민감한 경우도 있다. 따라서 한 사람을 대상으로 보상이나 질책을 할 때 부수적으로 발생하는 효과를 무시해서는 안 된다.

리더의 주요 업무 중 하나가 조직의 사기를 높이는 일이다. 사람의 용기는 무엇을 해야 하는지를 명확히 알 때 생긴다. 조직의 사기를 높일 줄 아는 리더는 조직원이 바라는 프로젝트를 내놓고, 업적을 거둔 직원에게 적절한 시간에 필요한 반응을 보인다. 개인의 업적을 인정해주되 조직 전체의 사기를 함께 함양하는 것이 리더십의 핵심 기술 중 하나이다. 개인을 칭찬하며 조직을 축하하는 문화를 조성하여 조직 전체를 고무하며 성과 창출에 대한 긍정적 기대감을 불러일으킨다.

잭 웰치는 보상 효과에 대해 언급하면서 "심지어 노벨상, 퓰리처상에도 상금을 현금으로 지급하지 않느냐?"고 묻고 있다. 공개적 시상, 승진, 상금 등의 보상 효과가 일시적이라는 연구결과도 있으나 분명한 것은 보상이 사라지면 의욕도 반감된다는 것이다.

보상 효과가 사람들의 의욕을 북돋우며 지속적인 효과를 얻고자 한다면 첫째로 업적을 협동의 결과로 여기는 문화가 필요하다. 그 업적을 남긴 개인에게 보상하는 것은 물론 팀과 조직 전체가 같이 축하를 받아야 한다. 다음은 리더가 따르는 사람들을 이용하기 위해 특정 업적에 대해 두드러지게 보상한다는 인상을 주어서도 안 된다. 사람들의 의욕은 내면적 만족에서 비롯되는 경우도 많다. 마지막으로 누가 봐도 보상이 공평무사해야 한다. 외부에서 보기에 공정하지 못한 보상은 차라리 하지 않는 것이 낫다. 보상받는 사람에 대한 질투심은 가질지언정 보상 그 자체의 공정성에 대해서 의심을 품지 않게 해야 한다.

페르시아에 전해 내려오는 이야기다. 외동딸을 둔 왕이 있었는데 그만 딸이 병에 걸렸다. 나라 안과 밖의 유명한 의사들이 모두 다녀갔으나 병은 점점 더 위독해졌다. 다급해진 왕은 공주의 병을 고쳐주는 사람을 사위로 삼고 왕의 자리를 물려주겠다는 포고문을 도성 곳곳에 붙였다. 백성들도 모두 안타까워했다.

마침 나라의 외딴 시골에 삼형제가 살고 있었다. 삼형제는 조상대대로 내려오는 천하제일의 보물을 하나씩 가지고 있었다. 맏이는 아무리 멀어도 볼 수 있는 망원경, 둘째는 어디든 순식간에 날아갈 수 있는 양탄자, 셋째는 마법의 사과를 갖고 있었다. 첫째가 망원경으로 나라 안을 이곳저곳 살피다가 마침 도성에 붙은 포고문을 보고 말했다.

"공주님이 위독한 병에 걸렸어. 그런데 병을 고쳐준 사람에게 나라를 주겠다는구나."

둘째가 대답했다.

"형, 우리 삼형제가 내 양탄자를 타고 가서 빨리 고쳐줍시다."

마법의 양탄자를 타고 삼형제는 순식간에 왕궁에 도착했다. 왕은 삼형제의 이야기를 듣고 다급하게 대답했다.

"그래, 그대들이 공주의 병만 고쳐준다면 무슨 소원이든 다 들어주겠다. 정말 고칠 수 있겠느냐?"

막내가 대답했다.

"제게 마법의 사과가 하나 있습니다. 이 사과를 드시면 공주님의 병은 완쾌되실 겁니다."

왕은 삼형제를 당장 공주 앞으로 데리고 갔다. 침상에 누운 공주에게 막내가 사과를 주었다. 사과를 받아먹은 공주는 거짓말처럼 얼굴에 혈색이 돌더니 벌떡 일어났다. 지켜보던 왕과 신하들이 모두 놀랐다.

"이럴 수가, 과연 신기한 사과로구나."

공주가 완쾌하자 왕은 뜻밖의 근심거리가 생겼다. 이제 약속을 이행해야 하는데 과연 삼형제 중 누구를 사위로 택해야 하는가. 첫째의 망원경이 없었다면 포고문을 보지 못해 공주가 병이 난 사실을 몰랐을 것이고, 둘째의 양탄자가 없었다면 머나먼 왕궁까지 오기도 전에 공주는 죽었을 것이다. 또한 막내의 사과가 없었다면 역시 공주의 병은 고칠 수 없었다. 신하들 사이에서 갑론을박이 오고 갔다. 그러나 왕이 잠시 뒤에 결론을 내렸다.

"막내가 내 사위이다."

"첫째의 망원경과 둘째의 양탄자는 앞으로도 계속 사용할 수 있는 보물이지만 막내의 사과는 하나밖에 없는데, 그것을 공주가 먹어 없어졌다."

현명한 왕의 말처럼 결국 막내는 자신의 소중한 보물을 공주의 생명을 위해 바친 것이다. 조직의 의욕 형성에 리더의 책임이 가장 크다. 조직원의 사기를 진작시키는 최고의 기술은 인정과 보상이며 그것이 공평무사할 때 역효과가 나지 않는다.

조직에 좋은 리더, 나쁜 리더

좋은 리더는 세 가지 독해력을 가지고 있다. 자신을 읽고, 조직 안팎의 사람들을 읽으며, 시대를 읽는다. 이 세 가지 독해력을 세분하면(220쪽 표 참조), 자기 독해력이 뛰어난 리더는 스스로 자기가 어떤 사람이라는 것을 알고, 또한 타인들이 자신을 어떻게 평가하는지를 충분히 안다.

타인에 대한 독해력이 뛰어난 리더는 먼저 인간에 대한 전반적인 이해를 가지고 있다. 사람들의 유형별 성격과 사회적 위치에 따른 특성 등을 숙지하고 있다. 이런 이해를 바탕으로 자기 조직원들을 이해하고 조직 구성원들이 조직에 대해 어떻게 이해하는지에 늘 관심을 갖는다. 또한 조직과 조직으로 구성된 유기적 사회에서 조직의 성공은 조직 외부가 리더의 조직을 어떻게 평가하는지를 이해하고 대비책을 늘 마련한다.

시대에 대한 독해력이 뛰어난 리더는 조직 내부의 관점에서 시대의 흐름을 평가하고, 또한 조직을 벗어나 시대의 눈으로 조직을 내려다보며 조직의 시대 상황적 위치를 점검한다.

좋은 리더의 세 가지 독해력

자기 독해	자신에 대한 자기 이해
	자신을 보는 상대의 평가를 이해
	공개적 칭찬
타인 독해	인간에 대한 전반적 이해
	조직 구성원들의 자기 조직에 대한 이해
	조직 구성원에 대한 조직 외부의 평가를 이해
시대 독해	조직의 관점에서 본 시대 이해
	시대의 눈으로 본 조직의 위치

위의 세 가지 독해력 가운데 자기 독해력이 부족한 리더는 자기를 과대 또는 과소평가하여 자신의 역량과 어울리지 않는 과제를 추구하는 위험을 갖게 된다. 이런 리더는 자기 눈의 들보는 보지 못하고 남의 눈 속의 티끌만 뽑으러 다닌다. 다른 사람들이 등 뒤에서 "겨 묻은 개가 똥 묻은 개 나무란다."는 말을 해도 아랑곳하지 않는다. 이런 유형의 리더는 '너 자신을 알라'는 소크라테스의 가르침을 늘 기억해야 한다.

타인 독해력이 부족한 리더는 조직의 역량과 어긋나는 일을 추진하여 조직의 역량을 소모하게 된다. 이런 리더는 조직 내부에

숨겨진 목소리에 좀 더 귀를 기울일 필요가 있다. 시대 독해력이 부족한 리더는 세상물정 모르고 시대와 불화하는 업무를 추진한다. 이들이 이끄는 조직은 늘 뒷북을 치거나 돈키호테처럼 너무 앞서 나간다.

러시아의 표트르 대제(Pyotr Alekseyevich, 1672~1725)는 이 세 가지 독해력을 골고루 갖추었다. 표트르 대제는 자기가 누구라는 것을 잘 알았다. 자기 자신의 성장 과정에서 새겨진 특징을 충분히 활용했다. 그의 어린 시절은 불운했다. 차르인 아버지의 뒤를 이은 이복형 표트르 3세가 후계자 없이 일찍 죽자 이복누이 소피아 공녀가 쿠데타를 일으켜 또 다른 이복형 이반과 함께 공동 차르(슬라브계 여러 국가의 군주 칭호)로 취임했다. 하지만 권력에서 소외된 표트르는 어머니와 함께 모스크바 교외의 한 마을에서 불안에 떨며 살았다. 이때 표트르는 친구들과 뱃놀이 겸 전쟁놀이로 마음을 달래며 세월을 보냈다. 그때의 친구들이 나중에 표트르의 강력한 참모가 되었다. 헛간에 버려진 영국 범선으로 즐기던 뱃놀이는 표트르에게 항해의 열정을 심어주었고, 전쟁놀이는 군사개혁의 기반이 되었다.

그는 차르가 받는 통상적 교육은 받지 못했으나 궁정을 벗어나 대장장이, 인쇄일, 목수일 등을 익혀 서민들과 친숙해질 수 있는 바탕을 길렀다. 이로써 자신이 무엇에 익숙한지, 무엇을 어떻게 잘할 수 있는지 알았으며, 또한 사람을 읽을 줄 알았다. 그는 자기가 이끌던 러시아라는 조직의 현재 상황도 잘 읽었다. 표트르 대제의 시대는 험난했다. 러시아 내부에서는 끊임없는 내란이 일어

표트르 대제 초상(장 마르크 나티에, 1717)

났고, 남쪽에서는 오스만제국이 늘 긴장을 조성했으며, 서쪽으로는 스웨덴과 영토 전쟁을 벌여야 했다.

표트르 대제는 다른 나라에 비해 후진국이던 러시아를 발전시키려면 대외적으로 영토를 확장해야 했으며, 대내적으로 개혁에 저항하는 토지 귀족들과 성직자들을 약화시켜야 했다. 그는 도시 지역에서 급성장하던 수공업자와 상인들의 욕구를 읽었다 그리고 행정개혁에 착수하여 도시민들에게 지방 정부를 세울 수 있게 허락하였다. 그때부터 지방 도시는 모스크바의 직속이 되어 지방의 군사총독에게서 벗어나게 되었다. 모든 계급의 사람들에게 상업의 자유를 주었고, 상업하는 사람은 누구나 도시에 거주할 권리도 부여했다.

표트르 대제의 통치기간 동안 대외교역은 7배나 늘었고 도시는 팽창했으며 군수물자도 충분히 확보되었다. 그는 자신과 러시아뿐 아니라 시대도 정확히 읽었다. 그 시기 변방이었던 러시아는 유럽의 일원이 되어야 발전할 수 있었다. 그는 치세 초기인 1697년에서 1698년까지 250명이나 되는 대규모 사절단을 이끌고 직접 유럽을 돌아다녔다. 국제 사회를 읽기 위해서였다. 그는 믿을 만한 사람에게 통치를 맡기고 자신의 정체를 숨긴 채 유럽을 여행하였다. 표트르 미하일로프란 가명으로 영국 등 유럽의 여러 나라를 돌며 조선소의 목수 일도 하고 의회를 구경했으며, 유능한 학자와 신식 학교에서 가르칠 교사들을 물색하여 초빙하였다. 그는 귀국하여 러시아 구귀족과 고위 성직자들의 반발을 무시하고 인쇄술, 의학, 음악, 산업 기술 등 유럽의 새로운 문물을 적극적으로 받아들였다. 그 덕분에 러시아가 황금기를 만났고 푸시킨 같은 대시인도 배출되었다.

Chapter
8

Winning
Leadership

이슈 선정에
능한가

-핵심 파악 리더십

조직의 크기에 비례해 처리해야 할 이슈가 늘어난다. 리더는 조직을 전체적으로 운영함에 있어 상대적 중요도가 높은 이슈를 먼저 최대한 3개 이내로 압축하여 순서를 정하고 진행 속도를 조정하며 해결해나가야 한다. 우선순위를 두어야 하는 핵심 과제에 조직의 존재 조건, 조직원의 요구와 이해관계 등이 충분히 반영되어야 한다.

공자가 제자 자공에게 물었다.

"너는 내가 많이 배우고 그것을 다 기억하고 있다고 생각하느냐?"

"그렇습니다. 혹여 그렇지 않습니까?"

자공이 대답하자 공자가 말했다.

"그렇지 않다. 나는 하나의 이치로 전체를 꿰뚫고 있느니라(一以貫之)."

《논어》〈위령공〉 편에 나오는 이야기이다. 다양한 요소들이 결합된 잡종 강세의 시대일수록 전체를 관통하는 핵심을 보는 눈이 필요하다. 모든 리더들이 리더로서 성공하기 위해 와신상담(臥薪嘗膽)을 하지만 막상 성공하는 리더는 드물다.

그러나 어떤 리더는 작은 노력을 기울이고도 큰 성과를 얻는다. 그들이 누구인가? 전체를 보고 곧 핵심요소를 파악하는 사람, 하나를 보고 열을 아는 사람이다. 단순히 현재 높은 성과를 창출해야 한다는 고정관념, 내게 익숙한 방식으로만 보려는 고정관념이 핵심을 놓치게 한다. 고정관념을 자유롭게 넘나들며 주어진 과제의 표면과 이면, 과거와 미래를 통전적(統傳的)으로 보며 융합적인 사고를 하는 사람이 정확하게 요점을 파악한다.

요점은 상황과 사람에 따라 다르게 보이지만 결국 모든 일에 적용되는 기본 원리이다. 이것이 일이관지(一以貫之)이다. 부챗살을 모아 구멍을 뚫고 하나로 묶은 지점을 '요(要)'라 한다. 핵심 요소는 부채의 '요점(要點)'에 해당한다. 요점 정리를 잘하는 학생의 학업 성적이 높고, 토론회 때 사회자가 요점 정리를 잘해주면 청취자들의 인기를 얻는다. 위대한 리더들도 시대적 과제의 요점을 제대로 파악해서 자기 방식대로 표현하고 집중적으로 풀어가는 사람들이었다.

세상살이의 요점을 부처는 자비, 공자는 인(仁), 예수는 사랑, 마호메트는 자비라 정리하여 성인의 반열에 올랐다. 애덤 스미스는 시장경제의 요점을 '보이지 않는 손'이라 했고, 마르크스는 '유물론'이라 하여 경제학의 거두가 되었다. 헤겔이 역사의 원동력을 '절대정신'이라 했고, 토인비는 '도전과 응전(應戰)'으로 보았다.

모두가 하드웨어에 관심을 갖고 있을 때 빌 게이츠는 소프트웨어에 집중했다. 워런 버핏은 초기에 보잘것없는 투자 금액으로 인기 종목이 아니라 가치 투자에 집중하여 세계에서 손꼽히는 자산가 반열에 올랐다. 이처럼 일이관지하는 능력을 지닌 리더들이 역시 명불허전(名不虛傳:명성이 헛되이 퍼진 것이 아니다.)이라는 칭송을 받는다.

탁월한 리더는 복잡한 문제를 단순화시켜 해법을 찾는 데 뛰어나다. 어수룩한 리더는 단순한 문제조차도 복잡하게 만든다. 인간은 도전에 맞서 싸우며 발전한다. 조직도 적절한 도전이 있을 때 활기를 띤다. 한 사람이 사적으로 맞닥뜨리는 도전도 그렇지만 조직의 리더가 만나는 과제는 엄청나다. 이런 경우 리더는 수많은 문제의 본질을 보아야 한다. 문제의 본질을 간과한 리더는 뜬구름 잡는 일만 하며 세월을 허송한다.

조선시대 군주 가운데 누가 최악의 리더일까. 연산군, 선조, 인조, 고종? 그중 16대 인조가 으뜸이다. 17세기 조선의 핵심 이슈는 대중(對中) 관계였다. 당시는 명나라가 기울고 조선이 오랑캐라며 무시하던 여진족이 세운 청나라(후금)가 팽창 중이었다. 그러나 명나라의 주자학을 수용한 조선의 사대부들은 명나라를 상국으로 떠받들었다. 다행히 광해군이 명나라와 청나라 사이에서 중립 외교를 펼치며 슬기롭게 피해갔다. 사대부들은 광해를 "천자를 두려워 않고 오랑캐와 화친한 혼군(昏君 : 사리에 어둡고 어리석은 임금)"으로 규정하고 인조반정(仁祖反正)을 일으켰다.

인조가 집권한 뒤, 청나라는 날로 강성해지고 명나라는 겨우 명맥만 유지하게 되었다. 그런데도 인조는 노골적으로 청나라를 배척하고 명나라를 가까이했다. 끝내 두 차례의 호란(胡亂)이 일어나 아직 임진왜란의 상처가 채 가시지 않았던 국토가 다시 청나라의 말발굽에 처참하게 짓밟힌다. 그런 상황에서도 인조는 청나라에 볼모로 잡혀갔던 소현세자가 서양문물에 호의를 보이자 독살했다. 인조 때부터 조선은 1895년 청일전쟁이 끝날 때까지 청나라의 속국처럼 지내야 했다. 인조가 용렬한 시기심에 눈이 어두워 광해군과 무조건 반대되는 정책만 고수하다가 국제 정세도 읽지 못했고, 아들을 죽이고 손자들을 제주도로 유배 보내는 패륜을 저질렀다. 사대부들이 광해를 혼곤 임금으로 몰아냈지만 광해야말로 현군이었고, 인조가 조선 최악의 혼군이자 암군(暗君)이었다.

광해는 세계정세에 맞게 핵심 이슈를 잘 짚어내며 강대국 사이에서 조선의 이익을 보존했다. 그러나 인조가 이를 뒤엎는 바람에 조선은 청나라의 침략 앞에 놓이게 되었다. 임진왜란과 병자호란을 겪으며 조선은 극도로 피폐해졌다. 리더가 시대를 어떻게 보느냐에 따라 조직의 흥망성쇠도 결정된다.

세계 비즈니스계에도 17세기 조선처럼 지각 변동이 일어나고 있다. 자본력과 기술력이 열세인 조직들이 유수 기업들을 제치는 일들이 수시로 일어난다. 이들의 전략이 '핀 포인팅'인데, 코스트 우위 유지, 인재 육성이 기본이다. 여러 조건들 중 수익 창출을 제일 조건으로 꼽는 것이 '핀 포인팅' 전략이다. 그래서 국적 불문하고 인재 접근도, 코스트 경쟁력, 고객 접근도에 가장 적합한 최적지가 어딘지를 주시한다.

탁월한 리더들은 항상 내 조직에 가장 큰 이익을 가져다줄 핵심 이슈가 무엇인지 잘 짚어낸다. 알렉산더가 고르디아스의 매듭을 풀 듯 핵심을 풀어낸다.

그리스신화에 나오는 프리기아의 왕 미다스는 무엇이든 만지기만 하면 황금으로 변했다. 미다스의 아버지 고르디아스는 원래 농부였으나 우연히 왕이 되었다. 당시 프리기아에는 크고 작은 전쟁이 그치지 않았다. 불안한 국민들은 난세를 구할 왕을 기다렸다. 마침 무녀가 "이륜차를 타고 광장에 들어서는 자가 왕이 되리라."는 신탁(神託)을 했는데 왕이 나타난다고 하는 바로 그날, 고르디아스가 우연히 말이 끄는 낡은 수레를 타고 광장을 지나게 된다. 이를 본 사람들이 고르디아스를 붙들어 왕으로 옹립했다.

갑작스레 왕이 된 고르디아스는 신탁에 감사하며 수레를 신전 앞 큰 나무 기둥에 산수유 껍질로 동여매었다.

"후세에 이 매듭을 푸는 자가 전체 아시아의 왕이 되리라."

그 뒤 수백 년 동안 많은 왕과 장군들이 매듭을 풀려 했으나 실패했고, 알렉산더가 페르시아 원정길에 이 수레를 보았다. 수레에 얽힌 전설을 재미있게 듣던 알렉산더는 칼을 뽑아 단번에 매듭을 끊어버렸다.

"너무 쉽다."

수레의 매듭을 푼 알렉산더는 고르디아스의 예언대로 아시아를 손에 넣는다.

고구마를 캘 때 줄기를 잘 잡고 뽑으면 많은 고구마가 덩달아 딸려 나온다. 이처럼 모든 문제에는 핵심이 되는 부분이 있다. 나머지는 그 핵심에서 파생된 것들이다. 복잡한 과제 중에서 핵심 과제를 분간하기 위해서는 제일 먼저 구체적으로 무엇이 문제가 되는지 파악한다. 문제가 파악되었다면, 파악된 문제들을 '분명한 목적'에 비추어 주의 깊게 살피면서 핵심 문제를 짚어낸다.

프랑스 의사인 라에네크는 1816년 청진기를 발명했다. 당시 의사들은 환자를 손으로 두드려보는 타진법으로 진찰했다. 좀 더 정확한 진찰 방법을 고심하던 라에네크는 루브르 궁 안뜰을 산책하다가 아이들이 긴 나무 막대를 서로의 귀에 대고 노는 모습을 보았다. 여기에서 착안해 종이로 통을 만들어 환자의 심장에 대고 박동 소리를 듣고 진찰을 거듭했다. 그는 수많은 실험을 거쳐 정확하게 진찰할 수 있는 청진기를 개발했다. 그의 발명은 내과질환 치료에 큰 진보를 가져왔다. 핵심을 짚으면 파생된 문제들은 저절로 해결된다. 핵심을 파악하지 못하고 파생 문제에 매달리는 리더는 엄청난 노력을 기울이고서도 상황을 더 꼬이게 만들기도 한다.

핵심이슈에 집중하라

부시 전 미국 대통령은 취임 이후 6개월간 별다른 일 없이 지내다가 2001년 9·11테러가 일어나자 미국의 리더로서 나름 핵심 이슈를 찾았다. 그는 2002년 1월 신년 연설에서 '악의 축'으로 북한, 이라크, 이란을 지목해 일대 파문을 일으켰다. 세계의 리더라 자처하는 부시가 미국을 선의 축으로, 미국에 적대적인 국가들을 악의 축으로 규정한 것이다. 이런 부시의 이분법적 세계 경영 정책이야말로 지구촌 당면 과제를 잘못 파악한 대표적인 사례였다.

상대국들의 거센 반발에도 불구하고 부시는 핵 선제공격 시나리오를 마련하는 등 더욱 강경한 드라이브를 걸었다. 그러나 자신이 설정한 핵심 이슈에 대한 정책적 대안을 가지지 못했다. 문제가 무엇이라는 것을 제대로 안다면 그 문제에 대한 답도 나오게 되어 있다. 애당초 문제가 잘못되어 있다면 해답은 없다. 부시가 선정한 핵심 과제가 잘못되었기 때문에 정당한 대안이 나올 수 없었다. 결국 부시는 아프가니스탄을 침공하고 대량살상무기가 있다는 거짓 정보를 흘리면서 이라크를 침공해 발목을 잡히고 말았다.

〈워싱턴 포스트〉도 "악의 축 정책이 미국의 외교 위기를 가져왔다."고 분석했고, 부시 자신도 후회했다고 한다. 모기나 파리가 창궐하면 모기나 파리를 잡기 전에 서식지인 쓰레기를 없애야 한다. 즉 부시가 미국의 힘을 과시하는 일방주의적 정책을 상호주의로 전환하고, 재정 적자를 기축 통화인 달러를 찍어내 메우기보다 생산성을 높여서 해소하는 정책을 추구했어야 한다.

그러나 한번 잘못 길을 들어선 부시는 극단적 파당 정치로 부유층의 감세, 사회보장 민영화 정책을 밀어붙이며 국민 통합을 깼다. 그 대가로 미국 금융의 중심지 월스트리트가 파산했고, 공화당은 민주당에게 정권을 내주고 말았다.

리더가 한 번 핵심 문제를 잘못 짚으면 문제는 더 커진다. 리더가 선정한 핵심 의제에 조직의 역량이 상당 기간 투입된다. 잘못 선정된 의제라면 조직이 혼신의 힘을 기울일수록 부정적 결과로 귀결되어 조직의 안정이 깨진다.

프랑스의 대표적 관문이 '샤를 드골' 공항이다. 그만큼 드골(Charles de Gaulle, 1890~1970)이 프랑스인들의 사랑을 받는 이유는 프랑스를 두 번의 위기에서 건졌기 때문이다. 드골은 제2차 세계대전 당시 나치독일, 그리고 알제리와 10년간 전쟁을 진두지휘하면서 프랑스를 강대국 반열에 올려놓았다. 프랑스인들은 나폴레옹과 200년 뒤의 드골을 최고의 영웅으로 생각한다. 링컨이 리더십을 '가능의 예술(art of the possible)'로 승화시킨 리더라면, 드골은 리더십이 '돌파의 예술(art of break through)'임을 보여준 리더이다.

샤를 드골(Charles de Gaulle)

당시 프랑스는 '두 사람이 모이면 정당 하나가 만들어지고 세 사람이 모이면 헌정 중단 위기가 발생한다.'라고 할 만큼 정치적 혼란이 극심했다. 이런 정치적 위기를 드골은 강력한 돌파의 정치로 극복해냈다. 문제의 본질을 신속하고 단순명쾌하게 파악하여 초지일관으로 해결했다.

드골형 리더들은 리더에 대한 신뢰와 신념의 공유를 중시하며, 자신처럼 추종자들도 멸사봉공(滅私奉公)하기를 기대한다. 그는 퇴임 뒤에도 "국가에 대한 봉사로 대가를 받을 수 없다."며 연금을 사양했다. 드골의 탁월한 리더십에서 '드골리즘(골리즘)'이라는 신

조어까지 생겼다. 드골이 말한 리더의 정의는 다음과 같다.

"리더는 선두에서 방향을 지시하는 자이다. 그러나 일단 과업이 시작되면 한발 물러서서 제대로 진행되는지 지켜보는 자이며, 실행의 동력과 적합성을 위해 언제라도 과업의 본질로 돌아올 수 있는 자이다."

전두환 전 대통령도 기회를 포착하는 데 탁월했던 인물이다. 일단 기회를 포착하여 타격 목표가 정해지면 앞뒤 가리지 않고 돌진하였다. 그런 부정적인 리더십이 5·18 광주민주화운동 촉발과 정권 찬탈로 나타났고, 긍정적 열매는 단군 이래 최대의 경제 호황이었다. 1985년 9월 G5 정상회담이 끝나고 3저(底) 시대가 시작되었다. 저유가, 저금리, 저환율의 기회를 포착해 고성장, 저물가, 고무역수지를 달성했다.

1984년 월트 디즈니사는 파산 위기에 처해 마이클 아이즈너(Michael Eisner)를 리더로 영입했다. 아이즈너 앞에는 재정, 인사, 고객 서비스, 직원 직무능력 향상, 회사 브랜드 가치 고양 등 헤쳐 나갈 과제가 산적해 있었다.

아이즈너는 수많은 문제들을 꿰뚫어보고, 핵심이 디즈니에 창의적 콘텐츠가 없는 것임을 알아차렸다. 그는 당장 디즈니에 '공쇼(Gong Show)'를 도입했다. 1970년대 미국 TV의 유명한 쇼 프로그램 '공쇼'는 아마추어가 나와 자유롭게 자기 기량을 뽐내는 무대였다. 아이즈너는 디즈니의 공쇼에 전 직원이 나와 마음껏 자신의 아이디어를 발표하도록 했다. 그 결과 공전의 빅 히트를 기록한 대작들이 쏟아져 나왔다. 〈인어공주〉, 〈라이언킹〉, 〈미녀와 야

수〉 등의 시나리오가 잇따라 탄생한 것이다. 만일 아이즈너가 창의적 애니메이션을 우선 과제로 삼지 않고 리모델링, 재무구조 개선 등과 같은 문제에만 집중했더라면 오늘날의 디즈니는 불가능했을 것이다.

매 순간 적절한 이슈를 제공하라

리더의 미래는 현재 가진 것이 아니라, 끊임없이 추구하고 손에 넣고자 하는 그 무엇에 달려 있다. 성공은 끈기를 기반으로 이루어지는 것이고, 리더가 미래성과에 초점을 맞출 때 끈기는 저절로 생긴다. 타이밍에 맞는 성과에 포커스를 맞춘 리더는 조직 구성도 현재가 아니라 나아가야 할 방향에 맞춰 정립하며, 여기에 맞춰 업무 프로세스도 꾸준히 개선해나간다.

시대가 영웅을 만든다는 말은 영웅이 시대에 맞게 리더십을 행사한다는 말과 같다. 성공한 리더들은 흐름을 읽는 능력을 기본으로 기회를 움켜쥔다. 정치, 외교, 사회, 문화, 경제, 기술, 통계를 보며 시대를 읽어낸다.

뒷북치는 리더나 지나치게 앞서가는 리더나 어리석기는 마찬가지이다. 대장장이는 쇠가 달아올랐을 때 내리쳐 물건을 만든다. 조직 활성화에는 타이밍이 제일 중요하다. 김대중 전 대통령은 "언제나 반 발자국만 앞서 가라."면서 '서생적 문제의식과 상인적 해결 감각'을 강조했다. IMF 외환위기 상황에서 대통령에 취임하여 예상보다 빨리 IMF 체제를 벗어났다. 2000년에는 평양 순안 비행장에 내려 김정일과 손을 잡고 기념비적인 남북정상회담을 가졌다. 리더가 너무 앞서면 설익은 밥처럼 별 소득을 얻지 못하지만, 약간 앞서서 이슈를 터뜨리고 주도적 상황을 만들 때 최고의 성과를 낼 수 있다.

이집트 2대 대통령 가말 압델 나세르(Gamal Abdel Nasser, 1918~1970)도 타이밍에 반 발자국 앞서는 이슈를 제기하여 아랍 세계의 지도자가 되었다.

그는 우체국 직원의 아들로 태어나 중학생 때부터 민족운동에 참여했고, 1954년 애국 총리가 되었는데, 서방세계는 그를 풋내기 리더 정도로만 여겼다. 그런데 1956년 7월 26일 나세르가 전격적으로 수에즈운하의 국유화를 단행해 열강의 허를 찔렀다. 갑자기 유럽의 석유 수송로인 수에즈운하를 뺏긴 서방세계가 나세르에게 집중하기 시작했다.

유럽과 인도양 및 서태평양을 최단거리로 연결하는 수에즈운하는 프랑스인 페르디낭 드 레셉스가 지중해의 포트사이드로부터 남쪽 수에즈 만까지 약 163km를 개발한 것이다. 나세르는 어떻게 무장한 영국군이 지키고 있던 수에즈운하 사무실을 무혈 접수할 수 있었을까?

그는 국유화를 선언하기 이틀 전인 7월 24일, 극비리에 30여 명의 접수 부대를 구성하고 그것을 세 개 팀으로 나누어 수에즈, 이스마일리아, 포트사이드의 사무실을 기습 접수했다. 작전을 수행한 세 팀의 운전사들도 작전 내용을 몰랐고, 팀원들조차 작업복을 가지러 가는 것으로만 알았다. 작전은 그 정도로 철저한 보안 속에서 진행됐다. 이들이 현지에 도착한 네 시경에 알렉산드리아에서 나세르의 연설이 시작됐다. 그 연설을 듣고서야 팀원들도 자신들의 임무가 무엇인지를 알게 됐다.

라디오에서 흘러나오는 연설에는 '드 레셉스'라는 작전 개시 암호가 숨어 있었다. 나세르는 '드 레셉스'를 세 번 연이어 말했다. 접수 부대가 기습적으로 수에즈운하 사무실을 공략했다.

수에즈운하가 나세르의 수중으로 떨어지자 이스라엘과 수에즈운하 경영권을 가지고 있던 영국과 프랑스가 연합해 운하를 탈환하기 위한 제2차 중동전쟁을 일으킨다.

가말 압델 나세르(Gamal Abdel Nasser)

10월 29일 이스라엘은 시나이 반도를 공격했고, 이틀 뒤 영국과 프랑스는 이집트 폭격을 단행했다. 나세르는 수에즈운하에 떠 있던 40척의 배를 파괴하여 운하의 기능을 마비시키며 맞섰다. 나세르는 이때에도 탁월한 외교력을 보여주었다. 미국과 소련을 동시에 설득하여 운하 소유권을 확실하게 인정받았다. 이 전쟁의 승자는 이집트와 미국이었으며, 두 나라는 이 사건을 계기로 세계사의 방향을 돌려놓았다. 최대의 피해자는 영국과 프랑스였다.

나세르는 당시 유럽의 식민주의에 대해 환멸을 느끼는 아랍의 분위기와 중동에 적극 진출하려는 미국의 욕구를 동시에 읽고 수에즈운하를 전격적으로 접수하는 작전을 벌였다. 반 발자국 앞서 이슈를 터뜨려 수에즈를 점령한 나세르는 범아랍 민족과 아시아, 아프리카 등 제3세계 국가의 지도자로 떠올랐다.

기회를 찾는 이에게 길이 열린다. 로마의 노예, 스파르타쿠스도 자유를 찾을 수 있는 기회를 엿보다 반란을 일으켰다. BC 73년경, 로마 인구 120만 명 중 3분의 1인 약 40만 명이 노예였다. 당시 로마의 평화와 번영은 노예들의 숨죽인 신음소리 위에서 유지되고 있었다. 노예는 말하는 짐승이었으며, 로마인들이 쓰는 모든 일용품을 생산하는 도구였다. 노예는 힘든 노동을 하면서도 항상 배고 팠고 주인의 채찍질과 학대를 참아야 했다. 특히 스파르타쿠스가 일하던 광산에서는 성기를 가릴 천 조각조차도 주어지지 않았다.

할아버지 대부터 자신까지 3대에 걸쳐 광산에서 일해온 노예 스파르타쿠스는 검투사 학교에 들어간다. BC 73년, 스파르타쿠스는 노예 70명과 함께 검투사 학교를 탈출해 반란을 일으켰다. 이들이 인근 마을들을 공격하자 주인들은 도망가고 남은 노예들이 반란군에 합세했다.

스파르타쿠스는 정식으로 지도자가 되었고, 반란군 수는 점점 늘어나 10만 명에 이르렀다. 스파르타쿠스의 군대는 한때 남부 이탈리아를 장악하고 로마 정규군을 물리칠 정도로 막강해졌다.

당황한 로마는 폼페이우스를 보내 스파르타쿠스와 전면전을 벌였다. 전쟁 중에 반란군 내부에 분열이 일어나고 약 6천 명의 노예들이 십자가형으로 공개 처형당했다. 사로잡힌 스파르타쿠스는 능지처참을 당했다. 스파르타쿠스는 지칠 줄 모르고 자유를 향한 집념으로 2년 반 정도 반란군을 이끌었다.

스파르타쿠스의 반란으로 위기에 빠졌던 로마 원로원은 노예의 처우를 짐승 수준에서 어느 정도 격상시켜주었다. 원로원은 노예에게 결혼을 허락했고 일정량의 재산 축적도 허락해주었다. 스파르타쿠스는 시의적절하게 '자유 쟁취'라는 이슈를 제기하여 일시적으로 승기를 잡았으나 후속 이슈 제기가 미약해 실패했다.

조직은 변화하는 세상에 발맞춰나가는 생물과 같다. 아이가 자라면서 주요 관심사항이 달라지고 추구해야 할 목표가 달라지듯, 리더는 조직의 규모와 변화에 적합한 이슈를 계속 제공해야 한다. 그래야 조직 내부의 갈등이 심각해지지 않는다. 리더의 책무는 버려야 할 전력은 과감히 버리고 새로운 도전을 향한 전략을 확정하는 것이다. 그러기 위해서는 시대의 변화에 맞춰 이전 시대에는 연결이 안 되던 전혀 색다른 두 개념을 연결시켜보는 시도도 필요하다. 레오나르도 다빈치 같은 경우 심장판막에 관한 해부학적 지식을 바탕으로 댐을 만들었다.

믹서 영업 사원이었던 레이 크룩은 점심을 먹으러 간 '맥도날드'라는 식당에 매료되었다. 저렴한 가격과 빠른 서비스에 감탄한 그는, 오늘날 전 세계에 매장을 가진 맥도날드를 창업했다. 폭스바겐도 당시 미국인의 고정관념에 어울리지 않는 "작은 것을 생각하라(Think Small)."라는 이슈를 제기했다. 이전까지 미국은 자동차와 작은 것의 개념이 만난 적은 한 번도 없었다. 마침 고유가에 시달리던 미국 소비자들에게 폭스바겐은 저비용, 고효율의 차로 인식되어 빅 히트를 쳤다.

성과 중심의 전략가가 되라

리더는 단순히 밀어붙이기만 하는 사람이 아니다. 불확실하고 난해한 상황 가운데 흐르는 패턴을 잡아내, 이해 가능하고 구체적인 전략으로 형상화시켜야 한다. 리더의 집중력이 방법론에 고정되어서는 안 된다. 리더와 전략의 관계는 말과 눈가리개의 관계와 같다. 경주마가 주변을 두리번거리지 않게 경주에 집중하도록 눈가리개를 한다.

그러나 목표지점까지 보지 못하도록 눈가리개를 하는 것은 해롭다. 경주마의 눈가리개가 골인 지점을 향해 전력 질주하기 위한 수단인 것처럼, 리더의 전략도 상황의 변화에 따른 다른 대안의 모색을 가능하게 하는 유연성이 있어야 한다. 리더는 장기적인 통찰력을 가지고 조직의 가치를 끌어올릴 수 있는 오늘의 전략을 선택해야 한다. 전략을 바꿔야 할 때를 아는 것도 리더의 중요한 책무이다. 명필이 붓을 탓하지 않는 것처럼 리더는 어떤 조직을 맡아도 성과를 만들어야 한다. 그럴 자신이 없으면 처음부터 조직을 맡지 말아야 한다.

리더가 성과 중심으로 조직의 전략을 짜야 하지만, 자신이 선호하는 전략 중심으로 조직을 몰아가다가 성과를 놓치는 경우가 많다. 부시가 이라크를 공격한 것도 그렇다. 그는 성과 중심이 아니라 자신이 좋아하는 이념 중심의 리더십을 행사했다. 어떤 리더에게든 선호하는 전략은 있게 마련이다.

성공하는 리더는 전략적인 유연성을 가진 리더이고, 전략적으로 경직된 리더는 끝내 실패한다. 능력 있고 성품도 좋은데 실패하는 것은 자질이 부족해서가 아니다. 자신의 나쁜 습관, 즉 전략의 획일성에 빠져 있음을 파악하지 못하기 때문이다. 또한 최악의 리더는 개인의 취향에 따라 전략을 정한다.

좌뇌 중심의 교육을 받은 리더에게서는 전략의 경직성이 자주 나타난다. 분석적이며 논리적인 훈련을 해온 사람은 보이는 현실 세계에 대한 개념적 관점에 충실하고, 조직을 볼 때 직급 라인, 각 파트별 직원 수와 업무, 보상 체계 등을 쉽게 파악한다. 반면 우뇌형 리더는 눈에 보이지 않는 패턴을 본다. 감성 위주의 우뇌를 바탕으로 인간을 폭넓게 이해하고, 조직을 볼 때도 조직 전체의 분위기와 각 팀들의 상호 호감도 등을 읽는다. 따라서 리더는 조직을 볼 때 사회과학적 방식으로 분석하되, 솔루션은 인문학적인 느낌을 통해 찾도록 스스로 훈련해야 한다.

1917년 10월 러시아혁명을 성공시킨 레닌(Vladimir Ilich Lenin, 1870~ 1924)의 유력한 후계자였던 스탈린(Iosif Stalin, 1878~1953)과 트로츠키(Leon Trotsky, 1879~1940)가 좌뇌형과 우뇌형을 대표하는 리더이다. 트로츠키는 멘셰비키(소수파)의 리더였고, 스탈린은 볼셰비키(다수파)의

리더였다.

　트로츠키는 부유한 지주의 아들로 태어났다. 런던에서 레닌과 만난 뒤 레닌의 충실한 조력자가 되었다. 하지만 그의 냉혹함에 실망해 잠시 레닌을 떠났다가 다시 돌아와 러시아혁명을 성공적으로 이끈 뒤 1919년 코민테른 선언문을 작성한다.

　스탈린의 본명은 그루지아어로 이오셉 주가슈빌리(Ioseb Dzhuga-shvili)이다. 구두장수였던 스탈린의 아버지는 구둣방이 망하자 알코올중독자가 되었다. 스탈린은 아버지가 가족과 자신에게 휘두르는 폭력을 당하며 자랐고, 독실한 기독교 신자인 어머니의 영향으로 신학교에 들어가 문학과 인문학, 그리스어 등을 배우며 풍부한 감수성을 길렀다. 학생 때에는 시를 발표해 그루지야 문인들의 격찬을 받기도 했다. 그가 지은 시 〈아침〉은 그루지야의 자연과 대지를 서정적으로 묘사하며 평화를 희망하는 내용이다. 그런 시를 쓴 사람이 수천만 명을 죽인 철권 통치자였다는 것이 쉽게 믿어지지 않는다.

예비 성직자이며 시인이었던 스탈린은 1899년 신학교를 떠나 혁명가로 나섰다. 혁명가로 살면서도 표트르 대제에 관한 저서들, 마키아벨리의 《군주론》 등 다양한 책을 손에서 놓지 않았다. 스탈린은 머리는 좋지 않았지만 논리적이며 사려 깊고 유려한 문체를 쓰는 지식인이었다.

스탈린은 1905년 그루지야 볼셰비키의 지도자가 되었고, 1912년 레닌의 요청으로 〈프라우다〉를 창간해 편집인을 맡으며 '스탈린'이라는 필명을 쓰기 시작했다. 그는 여러 얼굴을 가진 사람으로 결코 속마음을 얼굴에 드러내지 않았다. '자제력의 달인'이란 평을 들을 만큼 경쟁자들의 신랄한 비판을 견뎌냈으며, 어떤 분위기라도 마음먹은 대로 만들어낼 수 있는 인물이었다. 그의 성격을 한 가지로 규정하기 어려웠으나 겸손하고 순박한 태도로 만나는 사람들의 경계심을 허물어뜨렸다.

1924년, 레닌이 사망한 뒤 스탈린과 트로츠키는 본격적으로 대립한다. 레닌은 죽기 전에 스탈린을 축출하고 집단 지도 체제를 구축하라고 지시했다. 그러나 트로츠키는 비합법적인 폭력은 사용할 수 없다며 거절했다. 레닌이 죽자 스탈린은 10월 혁명 당시 트로츠키가 세운 공이 형편없다고 비난하며 레닌주의와 영원한 혁명론을 주장하는 트로츠키주의는 정반대 사상이라고 날조하면서 트로츠키를 궁지로 몰아 국외로 추방했다.

트로츠키는 지성적 판단 기준과 신념을 중시하다가 스탈린의 세력을 차단할 기회를 놓쳤다. 레닌도 생전에 트로츠키의 사상이 이상적이지만 현실에는 맞지 않는다고 여러 차례 충고했다. 그러나 자신의 지적 능력을 믿었던 트로츠키는 사람들을 설득하고 친화력을 보이는 데 실패했다.

그루지야 촌놈인 스탈린의 두뇌는 트로츠키보다 명석하지 못했지만 뛰어난 친화력과 흡인력으로 레닌의 후계자가 되었다. 특히 하부 당원들을 재빨리 자기 조직 속으로 흡수하고 하부 조직에 자기 사람을 심는 등, 권력 작동의 생리를 꿰뚫어보았다. 전술의 경직성에 빠진 트로츠키를 상대로 성과 중심의 유연한 전략을 선택했다. 아무도 최고 권력자가 되리라고 예상하지 못했던 스탈린은 탁월한 지적 논리를 이용해 다양한 전술을 구사할 줄 몰랐던 트로츠키를 이겼다. 그럼에도 트로츠키는 스탈린이 보낸 암살자에게 "그래도 인생은 아름답다."란 말을 남겼다.

개인 감정인가,
콘텐츠인가

– 서번트 리더십

울타리를 쌓은 이유를 알기 전에는 울타리를 허물지 말라.

– 길버트 키스 체스터턴(Gilbert Keith Chesterton)

한 사람이나 조직을 파악하려면 먼저 그 사람과 조직의 과거를 이해할 필요가 있다. 개인의 인권과 자유가 중요시되면서 서번트 리더십 개념이 출현했다. 과거 계급사회에서는 신분이 낮은 자가 무조건 리더를 섬겨야 했으나, 현대는 리더가 조직원의 발을 닦아주고 섬기는 시대이다. 하드 파워 시대의 리더는 보상·승진·해고 등으로 조직을 관리할 수 있었지만 소프트 파워 시대의 리더는 당근과 채찍보다 자신의 매력으로 다른 사람을 끌어들여야 원하는 바를 달성할 수 있기 때문이다.

새로 리더가 되는 사람들은 대부분 처음에는 "여러분을 섬기겠다."고 말한다. 대통령은 국민을 섬기겠다, 사장은 직원과 고객을 섬기겠다고 말하면서 '서번트 리더십(Servant leadership)'을 내세우지만 결국 인사치레에 그치고 만다. 그 이유는 리더십의 범위를 복지, 월급 수준, 업무 환경 등과 같은 물리적 수준으로만 국한하기 때문이다. 하지만 물리적 수준의 보상과 더불어 개인적인 인성의 측면을 돕는 것이 서번트 리더십이다. 개인이 더 건강해지고 정서적으로 안정되며 업무 능력도 신장되어 성취감을 맛보도록 도와야 한다.

서번트 리더십은 먼저 리더 자신이 섬김의 모델이 되어야 가능하다. 단지 다른 사람을 섬기는 외양을 갖춤으로써 사회적 명성을 얻으려고 하면 지속적으로 리더십을 행사하기 어렵다. 리더 자신이 "왼손이 하는 일을 오른손이 모르게 해야 한다."는 정서를 가질 때 가능하다. 이들 리더들은 섬김을 희생이나 지겨운 의무가 아니라, 섬김 자체로 만족하고, 섬김의 행위를 자발적이며 행복한 권리로 받아들인다. 따라서 다른 사람의 위로에 갈증을 느끼지 않으며, 명민하게 사리분별하면서 내적인 평안을 유지한다. 헤르만 헤세의 소설《동방순례》의 주인공 레오처럼 '보이지 않게 섬기면서, 일이 잘 돌아가도록' 돕는다. 아무리 사소한 일도 상대가 중요하게 여기는 일이라면 자상하게 돌보아준다.

전통적인 계급사회는 리더와 조직원의 관계가 가부장적 위계질서를 갖는다. 리더가 모든 권한과 책임을 독점하고 업무의 세세한 부분까지 규정한다. 구성원들은 유연성과 창의성이 없어도 착실하게 정해진 업무만 감당하면 된다.

수평적인 사회에서 리더와 조직원의 관계는 예의바른 친구 사이와 같다. 리더는 구성원들이 업무를 잘 수행할 수 있도록 동기부여를 한다. 구성원들은 급변하는 상황에 맞게 현장에서 즉시 창의적으로 유연하게 대응한다. 리더는 직원들 한 사람 한 사람의 성장과 전문성을 제고할 뿐 아니라, 정서적 함양을 위한 기회와 자원을 제공한다. 그러므로 서번트 리더십의 중요한 특성은 공감

(empathy), 치유(healing), 청지기 정신(stewardship)이다.

늘 다르게 접근하여 아르키메데스의 점을 찾아라

소크라테스는 사람들에게 무지를 자각시키기 위해 문답법을 사용했다. 상대에게 끊임없이 질문을 던져 스스로 진리를 발견하도록 하는 것이다. 가장 큰 무지는 자기가 무엇을 모르는지도 모른다는 것이다. 자기가 무엇을 모르는지 알고 나서야 비로소 그 무엇에 대한 해답을 찾을 수 있다. 그 무엇에 대한 해법이 바로 아르키메데스(Archimedes)의 점이다.

　리더는 아르키메데스의 점을 발견하기 위해 다각도로 질문하고 또 질문해야 한다. 아르키메데스가 시라쿠사의 왕 히에론 2세 앞에서 자신 있게 말했다.

　"저에게 긴 지렛대와 받침대만 주시면 지구도 들어올릴 수 있습니다."

지렛대로 지구를 들어올리는 아르키메데스

아르키메데스의 점은 힘의 중심이다. 모든 것을 움직이게 하고 멈추게 할 수 있는 핵심 해법이다. 지렛대의 길이가 길면 길수록 더 적은 힘으로 훨씬 크고 무거운 물체를 들어 올릴 수 있다는 지렛대 원리의 발견으로 시라쿠사 왕국은 투석기를 발명해 제2차 포에니전쟁으로 맞붙게 된 로마 군대를 거뜬히 물리쳤다. 히에론 왕이 아르키메데스의 기막힌 해법에 따라 나라를 지킨 것이다. 오늘도 수많은 곳에서 아르케메데스의 점을 찾는다. 정확하게 질문해야 정확한 답이 나오고 바르게 질문해야 올바른 대답이 나온다.

하루는 히에론 왕이 아르키메데스에게 자신의 왕관이 순금인지 알아보라고 명령했다. 아무래도 금세공업자에게 속은 것 같아서였다. 아르키메데스는 며칠을 고민하던 중 목욕탕에 들어갔다가 물이 넘쳐흐르는 걸 보고 섬광처럼 해답을 떠올렸다.

'금, 은, 동은 제각각 밀도가 다르지. 따라서 똑같은 무게로 만들 경우 부피가 달라진다. 그렇다면 순금 왕관과 합금 왕관은 무게가 같더라도 넘쳐흐르는 물의 양은 다르다.'

아르키메데스는 너무 기쁜 나머지 자신이 발가벗었다는 사실도 잊은 채 거리로 뛰어나와 "유레카(발견했다)!"라고 외쳤다.

유레카라는 외침이 많이 터지는 조직이 쭉쭉 전진한다. 기존 현상에 대한 합당한 의구심을 가질 때 '유레카'를 외칠 수 있다. 종교의 교리처럼 질문을 막고 부조건 믿음을 강요하는 분위기에서는 '유레카'가 나올 수 없다. 그래서 벤저민 프랭클린(Benjamin Franklin, 1706~1790)은 "서구 종교보다 차라리 등대가 유익하다."라고 설파했다. 왕이 질문을 던졌기에 아르키메데스도 밤낮으로 생각에 몰두했고 해답을 얻게 된 것이다.

문제의 요점을 제대로 파악한 리더만이 제대로 된 질문을 할 수 있고 그래야 조직이 제대로 유레카를 외칠 수 있다. 앵커는 유명 인사를 인터뷰하기 전에 상대에 대해 충분히 알고 있어야 요긴한 질문을 할 수 있다. 사전 이해가 없으면 불필요한 질문을 하거나 개인적으로 궁금한 질문을 하게 되어 시청자를 만족시킬 수 없다. 적절하고 거침없는 질문은 치밀한 사전 조사와 찬찬한 통찰력에서 나온다.

전략의 틀 자체를 바꿔야 하는 디지털 시대에는 '블루오션 리더'가 두각을 나타낸다. 기존 프레임에 의문을 품고, 새로 출현한 개념들을 구별해 평가할 수 있는 능력이 있을 지닌 리더는 변화를 위한 변화가 아니라, 구성원들이 새로운 프레임에 적응하도록 이끄는 변화를 촉진한다.

테슬라의 엘론 머스크(Elon Musk)는 기존 자동차 업계가 100년 간 쌓아온 내연기관 계통의 산업을 IT산업으로 바꿨다. 게다가 지구가 아니라 화성에 정착촌 건설을 구상하고 있다. 그리고 페이스북의 창업자 마크 저커버그(Mark Zuckerberg), 알리바바의 창업자 마윈(馬雲), 아마존의 창업자 제프 베조스(Jeff Bezos) 등이 블루오션 리더들이다.

이들을 게임 체인저(Game Changer)라고도 하는데, 아르키메데스의 점, 즉 힘의 축이 움직이는 방향으로 기존 시장을 파괴하는 것이 특징이다. 이들은 기득권층에게 기대려는 생각이 전혀 없고 게임의 규칙 자체를 새로 만든다. 명성과 부가 아니라 자아실현을 위해 혁신을 추구하기 때문에 블루오션 리더들 중에는 기부 왕도 많다. 혁신과 기부는 블루 오션 리더십의 양립 코드이다.

사람마다 과거로부터 내려온 지식과 축적된 경험으로 구성된 마인드셋(mindset)이 있다. 리더도 예외는 아니다. 역발상을 하려면 닫힌 마인드셋을 열린 마인드셋으로 바꿔야 한다. 우리 머릿속에 고정된 마인드셋으로만 세상을 보고 행동하면 변화하는 시대 흐름을 이끌기는커녕 따라잡을 수조차 없다. 리더는 적절한 질문을 통해 자신의 마인드셋을 오픈할 수 있고 직원의 마인드셋을 열어줄 수도 있어야 한다.

미국의 한 항공사 회장은 중역들과 퀘스트 프로그램을 먼저 갖고, 다시 중역은 부서장과, 부서장은 각 팀장과, 팀장은 팀원들과 연속적으로 퀘스트 프로그램을 갖는다. 여기서 나온 지식은 새로운 방향을 정립하는 유용한 자료로 활용한다.

인간적 신뢰를 쌓아라

"한 인간을 알려면 그에게 권력을 주어보라."는 말이 있다. 역경 가운데서 잘 드러나지 않던 사람의 됨됨이가 권력을 잡으면 대체로 드러난다. 리더가 되기 전과 후가 달라지는 사람들, 특히 리더가 되기 전에 리더의 자질과 포용력을 보였던 사람이 리더가 된 뒤에는 독선적으로 변하는 경우가 많다. 그런 리더는 신뢰를 받을 수 없다. 사람은 빵으로만 사는 것이 아니라 신뢰를 먹고 산다. 신뢰야말로 조직이 가진 힘의 원천이다.

리더가 조직원들의 신뢰와 지지를 얻고 있으면 어떤 도전 과제도 헤쳐 나갈 수 있다. 조직이 클수록 별의별 사람들이 다 모인다. 그들의 단결 여부가 바로 리더에게 달려 있다.

미국 34대 대통령 아이젠하워(Dwight D. Eisenhower)가 제2차 세계대전 중에 서유럽 주둔군 총사령관을 역임할 때였다. 그는 미국, 영국, 프랑스, 캐나다 등 다국적군을 하나의 팀으로 묶어야 했다. 특히 자존심 강한 미국과 영국의 지휘관들을 단합시키기가 어려웠지만, 아이젠하워는 그 일을 거뜬히 해냈다. 미국의 조지 패튼과 영국의 몽고메리가 연합국의 승리라는 하나의 목표 아래 협조하도록 만든 것이다.

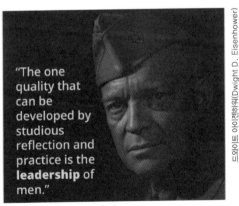

드와이트 아이젠하워(Dwight D. Eisenhower)

다혈질이며 직선적인 패튼과 승부욕이 강하고 고집 센 몽고메리는 고양이와 개처럼 가까워질 수 없는 사이였다. 개성이 강한 인재일수록 팀워크를 이루기만 하면 엄청난 성과를 만들 수 있다. 아이젠하워가 발휘한 리더십의 장점은 판이한 개성을 지닌 패튼과 몽고메리 같은 인재들의 팀워크를 이끌어낸 것이었다. 그는 특출하고 개성 강한 성품의 인재들로부터 최선을 다하는 노력을 이끌어냈다. 이런 리더십을 가졌기 때문에 노르망디 상륙작전을 성공했으며 세계대전을 승리로 마무리 지었다.

리더십에 대해 아이젠하워는 다음과 같이 정의했다.

"리더십은 당신이 하고자 하는 바를 다른 사람들도 원하게 만들고, 그들이 팀을 이루어 실행하도록 유도하는 테크닉이다."

리더십은 조직 내에서 개성이 다른 사람들을 융합시키는 접착제이다. 리더 스스로 자신에 대한 믿음이 있어야 하고, 조직원과 의견이 다르더라도 인간적 신뢰는 받아야 한다. 리더에게 조직원들의 신뢰와 지지는 위기 돌파의 엔진이며, 성공의 사다리이다. 신뢰할 수 없는 리더 아래서 일하는 것보다 비참한 것은 없다. 리더를 불신하는 사람들은 늘 그 리더를 떠날 기회만 엿본다.

화장품 업계의 여왕 메리 케이 애시(Mary Kay Ash)는 학창 시절에 대기업 회장과 악수하기 위해 오랜 시간 줄을 서서 기다렸다. 드디어 자기 차례가 되어 회장과 악수하려는 순간, 회장은 손만 내민 채 시선을 다른 곳으로 돌리고 있었다. 그녀는 이때의 모멸감을 잊지 못하고, 성공한 뒤에는 상대방이 누구든 존중해주리라 굳게 마음먹었다. 그녀가 설립한 메리케이사가 크게 성공할 수 있었던 것도 그녀의 이런 독특한 경험을 바탕으로 한 신뢰 경영 덕분이었다.

영원한 베트남인의 연인 호찌민도 마찬가지이다. 베트남인들은 '호 아저씨(Bac Ho)'를 가져서 자랑스럽고 행복하다고 말한다. 호찌민에 대한 베트남인들의 애정과 존경은 어디서 비롯되었을까?

호찌민은 색 바랜 노동복에 왜소한 체구, 낡은 타이어 조각 샌들을 신은 볼품없는 겉모습과는 달리 60여 년을 조국의 해방과 통일을 위해 투쟁했고 이루어냈다. 권력을 잡고 나서도 여전히 독립운동가로 살던 때와 똑같이 소박했다. 베트남민주공화국 대통령 시절에도 베트남 해방운동을 할 때 소지했던 지팡이 하나, 옷 두 벌, 책 몇 권이 전부였다.

그는 한국의 민주화운동을 했던 인사들 중에 권력을 잡고 나서 마치 한풀이하듯 비리에 연루된 사람들과는 전혀 달랐다. 호찌민은 평생 베트남 국민들과 똑같은 삶을 살았다. 베트남인들은 자기를 낮추고 검소한 민중의 삶을 사는 호찌민을 신뢰했다. 그에 대한 신뢰는 말로 그치지 않는 국민을 위한 정치, 권력의 부패에서 자유로운 '절제된 권력'에서 비롯되었다. 그는 강인한 혁명가로 대통령을 지내고 난 뒤에도 여전히 인민의 벗으로 생활했다. 호찌민은 자신이 죽고 매장을 하려면 조그만 토지라도 필요할 텐데, 한 뼘의 농토도 허비할 수 없다면서 화장해달라는 유언을 남겼다.

신뢰는 상대를 인정하고 존중해주는 것이다. 리더가 특별대우를 받아야겠다고 생각하는 순간, 사람들의 신뢰에는 금이 간다. 리더에 대한 조직의 신뢰는 리더가 조직원들의 서로 다른 이해의 공통분모를 찾아 공동의 목표를 창출할 수 있느냐에 달려 있다. 리더로서의 특권의식을 버리고, 조직원들의 공동 이해에 기초한 목표를 만들어 이끄는 리더가 신뢰를 주는 리더이다. 신뢰를 주는 리더에게 사람들은 열정으로 보답한다.

알렉산더대왕이 인도를 향해 진군하던 때의 일이다. 무더운 날 광활한 사막을 지나는데, 모두 목이 말라 쓰러질 지경이었다. 알렉산더는 지친 병사들을 독려하며 계속 전진했다. 태양이 머리 위로 이글거리는 정오에 두 명의 병사가 광야를 뒤져 물을 찾아 투구에 담아 왕 앞에 가지고 왔다. 병사들도 목이 타서 쳐다보는데, 알렉산더는 그 물을 모조리 땅바닥에 쏟아버렸다.

"모든 병사들이 다 목마른데, 왕이라고 해서 나 혼자만 물을 마실 수는 없다."

그 순간 알렉산더는 왕인 자신을 모든 병사와 동일한 처지에 놓음으로써 병사들의 진정한 영웅이 되었다. 목마름보다 더 시급한 욕구가 무엇이랴. 절체절명의 욕구도 조직원들의 신뢰를 얻기 위해서는 참을 줄 아는 사람이 진정한 리더이다.

이스라엘 최고의 영웅 다윗도 알렉산더와 똑같이 행동했다. 다윗 역시 적진에 포위되어 물 한 모금 마시지 못한 채 하루를 보냈는데, 부하들이 적진에 있는 우물까지 들어가 물 한 바가지를 퍼왔다. 다윗은 병사의 피와 같은 물을 나 혼자 마실 수 없다며 모랫바닥에 부었다.

고금(古今)을 막론하고 존경받는 리더들은 사람들의 신뢰를 받을 수 있는 결정적인 기회를 놓치지 않는다. 리더의 본래 성품이 신뢰가 바탕이 되어 있을 때 이런 천재일우의 기회를 놓치지 않는 것이다. 성품 자체가 신뢰가 없을 경우에는 그런 기회가 와도 그것이 얼마나 소중한 기회인지를 알아차리지 못한다.

알렉산더가 그 자리에서 물을 마셨더라면, 다윗이 한 바가지의 물을 시원하게 들이켰더라면, 잠시 해갈은 되겠지만 부하들에게 는 아무 감동도 주지 못했을 것이다. 알렉산더와 다윗은 물 한 바가지를 마시지 않은 덕분에 부하들의 신뢰를 얻고 후대에까지 감동어린 사례로 소개되고 있다.

이렇게 작은 투자로 커다란 수익을 남기는 것이 신뢰를 기반에 둔 리더다운 행동이다. 신뢰를 얻는 데 거창한 행동만이 필요한 것은 아니다. 사소한 실수를 애교로 넘기는 작은 인내, 뒤따라오는 직원을 위해 엘리베이터 버튼을 눌러주는 작은 친절, 인사하는 직원에게 같이 웃으며 고개 숙이는 겸손, 사소한 약속도 기억하고 지켜주는 정직이 신뢰를 쌓는 길이다.

리더의 마음속에, 리더로서 특별대우를 받아야 한다는 고정관념을 가진 리더는 공포의 대상은 될지언정 존경의 대상은 되지 못한다. 사람들에게 사랑과 존경을 받는 리더들의 공통점은 리더로서의 당연한 특권을 내려놓았다는 점이다. 왕자의 자리를 버린 부처가 성인의 반열에 오르지 않았던가!

인종을 초월해 존경받는 링컨이 대통령이 된 뒤의 일이다. 어느 날 링컨이 백악관 현관에서 구두를 닦고 있는데 비서가 이를 보고 쩔쩔매며 말했다.

"각하, 대통령이 구두를 닦다니요? 그건 우리 같은 사람들이나 하는 일입니다."

"자기 구두는 자기가 닦아 신는 게 당연하지. 제임스, 그러고 보니 자네 구두도 닦아야겠군. 이리 주게. 내 구두 닦는 김에 같이 닦아

주지."

링컨은 연민이 많은 사람이었다. 한번은 남편이 가족을 부양할수 있게 군에서 제대시켜달라는 가난한 여인의 청원을 들어주며 링컨이 친구에게 말했다.

"두 사람을 행복하게 해주었다고 할 수 있으나, 결코 쉬운 일은 아니었네. 나는 황무지에서 엉겅퀴를 뽑아내고 꽃을 심고 싶은 사람이라네."

남북전쟁을 치른 링컨 행정부는 탈영병에 대한 처리가 엄격했다. 그러나 링컨은 탈영병을 사형시키려는 집행문에 누구도 총살시켜서 안 된다고 서명했다. 부하들이 기분 상할 명령을 내릴 때, 피치 못할 어떤 변명거리를 찾는 모습이었다.

리더로 특별대우를 거절했던 사람 중에는 슈바이처도 빼놓을 수 없다. 1952년 노벨평화상을 수상한 슈바이처(Albert Schweitzer, 1875~1965)가 시카고를 방문했을 때의 일이다. 시카고 역에서는 시의 유력 인사들이 미리 도착해 그를 기다리고 있었다. 사람들은 슈바이처가 당연히 1등석에서 내릴 줄 알았는데 정작 그는 3등석에서 내렸다.

"왜 3등석을 타셨습니까?"

사람들이 묻자 그는 이렇게 말했다.

"그곳이 내가 있을 자리입니다."

3등석에서 슈바이처는 가난한 사람들을 진료했던 것이다.

인류의 등불로 추앙받는 마더 테레사(Theresa, 1910~1997)는 고관대작처럼 살아보고 싶지 않느냐는 질문에 "허리를 굽히고 사는 사람은 위를 쳐다볼 시간이 없다."고 대답했다. 사람들은 보통 리더는 강해야 한다고 생각한다. 그래서 사람들은 너무나 인간적인 리더를 보면 더욱 신뢰하게 된다. 리더가 연민의 정을 소유한 사람이라는 것을 알게 되면 신뢰와 사랑까지 주게 된다.

개인 감정을 접고 인재의 콘텐츠를 본다

성장 가능성이 보이는 리더는 조직을 개방한다. 초원의 작은 유목민 부족이었던 몽골제국이 약 2세기 동안 세계사를 좌우했던 것도 칭기즈 칸(成吉思汗, 1167?~1227)의 개방적 태도 덕분이었다.

칭기즈 칸(成吉思汗)

유비에게 책사 제갈량이 있듯, 칭기즈 칸에게는 야율초재(耶律楚材, 1190~1244)라는 책사가 있었다. 야율초재는 제국의 태동 단계 때에는 적국인 금나라의 관리였다. 칭기즈 칸이 금나라를 정복할 때 야율초재의 지략을 귀하게 여겨 발탁한 것이다. 야율초재가 언급한 리더십의 요체는 다음과 같다.

여일리불약제일해(與一利不若除一害)

　　이익 하나를 더 얻는 것이 하나의 해를 없애는 것보다 못하고,

생일사불약멸일사(生一事不若滅一事)

　　일 하나를 만드는 것이 하나의 일을 없애는 것만 못하다.

신라의 선덕여왕도 주변국 정복이라는 비전을 내놓고 비주류들을 과감하게 등용했다. 신라 사회에서 비주류인 가야계의 김유신과 진지왕의 손자 김춘추를 중용해 통일신라의 길을 닦았다.

조선 태종은 주위의 극렬한 반대를 누르고 노비 출신 박자청(朴子靑)을 공조판서에 앉혔다. 건축에 탁월한 재주를 지닌 박자청은 한양 도성 내의 주요 건물을 만들었다. 박자청이 비록 노비 출신이었지만 건축에 뛰어난 재능을 보이자 새로운 수도의 궁궐 건축이 시급했던 태종은 신분에 아랑곳하지 않고 그를 중용해 뛰어난 성과를 거두었다. 적재적소에 인물을 배치하는 태종의 리더십이 빛을 발한 것이다.

김대중 전 대통령은 외환위기 당시 집권하여 텅 빈 국고를 물려받았지만 예상보다 3년 빠르게 IMF의 빚을 조기상환하고 위기를 벗어났다. 김대중 전 대통령은 코드 인사를 지양하고 능력 위주로 인물을 발탁하려고 노력했다. 자신과 인연이 없던 사람, 상대 후보를 도왔던 사람이라도 콘텐츠를 갖췄다고 판단되면 기용했다. 이헌재 전 금융감독위원장과 이규성 전 재경부장관이 그들

이다.

일단 리더가 되면 내 편과 네 편을 가르지 말고 나와 너의 칸 막이를 허물어, 적이었던 사람 가운데서도 콘텐츠가 있는 테크노 크라트라면 손을 잡을 줄 알아야 한다. 리더의 눈을 흐려 자기 이익만 차리는 자들은 야비한 정치꾼들이다. 중국 소설가 루쉰(魯迅, 1881~1936)은 〈페어플레이는 아직 이르다〉라는 글에서 야비한 정치꾼들을 '물에 빠진 개'에 비유했다. 물에 빠진 미친개는 건져주면 다시 문다.

처칠이 영국은 물론 세계적인 리더들의 벤치마킹 대상이 되는 이유도 자신을 구박하고 비난했던 전임 총리를 설득해 각료로 앉혔기 때문이다. 또 처칠 혐오증을 보이던 애틀리 노동당 당수까지도 포용했다.

링컨 대통령이야말로 포용의 리더로 전혀 손색이 없다. 자기 내각을 콘텐츠를 갖춘 정적들로 채우는 데 주저하지 않았다. 그는 공화당 내의 공천 경쟁자였던 윌리엄 수어드(William Henry Seward, 1801~1872)를 국무장관에 임명했다. 수어드는 처음부터 링컨을 어수룩한 사람으로 여겼다. 하지만 링컨은 수어드를 국무장관에 앉혔고 그는 알래스카를 720만 달러라는 헐값으로 구입하는 성과를 거두었다.

링컨 정부에서 재무장관을 지낸 새먼 체이스(Salmon P. Chase, 1803~1873)도 같은 경우이다. 체이스는 남북전쟁의 비용을 총괄하면서 링컨을 함정에 빠뜨려 자신이 차기 대통령이 되려 했다. 그러나 링컨은 이를 역이용해 오히려 자신의 정치적 기반을 튼튼하게 만들었다.

링컨이 일리노이 주의 애송이 변호사 시절에 스탠턴(Edwin M Stanton, 1814~1869)이라는 명성이 자자한 변호사가 있었다. 링컨과 스탠턴이 동일한 사건을 함께 수임하게 되었다. 링컨은 내심 스탠 턴으로부터 배울 수 있는 좋은 기회라 여겼다. 스탠턴은 법정에 가서야 이 사실을 알게 되었고, 자리에서 벌떡 일어나 링컨을 가 리키며 소리 질렀다.

"저런 얼치기 변호사와 어떻게 함께 일을 하나, 난 못해."

자리를 박차고 법정을 나간 스탠턴은 그 뒤로도 링컨을 무시하 는 말을 하고 다녔다. 링컨이 대통령으로 당선되고 남북전쟁이 한 창일 때 국방장관을 새로 임명하게 되었다. 각료들이 여러 사람을 천거했으나 링컨은 "스탠턴을 임명하겠다."고 말했다. 각료들이 일제히 반대했다.

"그가 얼마나 무례한 사람인 줄 모르십니까?"

"나는 무시당해도 되지만 국방장관의 일만 잘 수행하면 충분합 니다."

스탠턴은 국방장관이 된 뒤에도 링컨을 무시하는 행동을 계속 했다. 심지어 '얼간이, 바보'라고 비난했다는 말이 링컨에게 전해 졌다.

"그래, 스탠턴이 나를 정말 바보라고 했단 말인가?"

"네, 몇 번 그렇게 말하는 것을 들었습니다."

"그 친구 말이 맞을 거야. 그는 늘 맞는 말만 하니까."

링컨이 저격당해 숨진 날, 스탠턴은 쓰러진 링컨을 보면서 명언을 남겼다.

"시대가 변하고 역사가 바뀌어도, 여기 이 사람은 인류의 스승이 되었다."

물론 링컨에게도 단점이 전혀 없지는 않았다. 하지만 그의 통합형 리더십은 모든 리더에게 귀감이 되고 있다. 온화함 속에 냉철하고 치밀함을 간직했던 리더, 링컨은 공익을 위해 사사로운 감정을 접어둘 줄 알았다. 그런 리더를 어찌 신뢰하지 않으랴.

공공성의 브로커 리더십

리더는 공인이다. 과거 칸막이 경제 시대의 리더는 자신과 자신의 조직만을 위한 효율성에 집중하면 되었다. 그러나 모든 분야가 그물망처럼 연결된 열린 사회에서는 공공의 효율성이 떨어지면 그 사회의 모든 조직이 후퇴하게 된다. 한 사회 내의 다른 조직과 경쟁할 수는 있으나 그 많은 조직들의 기반이 되는 사회는 경쟁의 상대가 아니라 보호하고 육성해야 할 상대이다. 건강하고 활기찬 사회가 있어야 조직들 간의 경쟁도 의미가 있다.

열린 사회의 리더는 무엇보다 조정자(브로커) 역할을 감당해야 한다. 1953년 에드먼드 힐러리(Sir Edmund Hillary, 1919~2008)는 영국 원정대와 함께 셰르파인 텐징 노르가이(Tenzing Norgay, 1914~1986)의 안내를 받으며 히말라야에 올랐다. 그해 5월 29일 아침, 힐러리는 텐징과 함께 아직 그 누구도 올라본 적이 없는 세계 정상의

에드먼드 힐러리(왼쪽)와 텐징 노르가이

자리에 우뚝 섰다. 그리고 텐징을 칭찬했다.

"텐징은 서번트 리더십을 지닌 진정한 영웅입니다."

수만 년 동안 인간의 접근을 허락하지 않았던 히말라야의 험한 산길을 안내하고 때로 개척하기도 한 텐징은 어떤 기분으로 그 일을 해냈을까?

"나는 히말라야에 오를 때 전쟁터에 나가는 병사의 힘으로 오르지 않는다. 내 어머니의 포근한 무릎에 안기는 마음으로 오른다."

다른 산악인들에게 정복 대상으로 힘겹게 올라야 하는 히말라야가 텐징에게는 그리운 어머니의 품이었다. 리더가 해야 할 일이 히말라야 정복처럼 어렵다 해도 그리운 어머니 품처럼 여긴다면 정복하지 못할 일이 없다.

텐징도 에베레스트 정상에 누구보다 먼저 서 보고 싶은 갈망이 있었다. 단지 다른 셰르파처럼 텐징도 짐을 나르고 안내인 역할에만 그치고 싶지 않았던 것이다. 사실은 힐러리와 함께 에베레스트에 오를 때 체력이 앞선 텐징이 먼저 올랐다. 하지만 텐징은 바로 정상 앞에서 서서 힐러리가 오기를 기다렸다. 힘겹게 올라오는 힐러리를 보자 손을 내밀어 힐러리가 먼저 정상에 우뚝 서도록 양보했다.

두 사람의 신뢰와 배려가 연출한 감동의 드라마이다. 힐러리가 칭찬한 또 한 명의 리더가 남극횡단을 시도한 섀클턴(Sir Ernest Henry Shackleton, 1874~1922)이다.

"우리는 좌절할 때마다 섀클턴의 리더십을 본받아야 한다. 모든 희망이 사라진 재난 속에도 섀클턴의 리더십만 가지면 일어설 수 있다."

섀클턴이 세상을 떠난 지 1세기가 지났지만 그는 여전히 '신 다음으로 위대한 리더'로 추앙받고 있다.

1914년 가을, 섀클턴은 영국의 남극대륙 횡단 탐험대를 이끌고 남극으로 향했다. 하지만 탐험선이 난파되어 1917년까지 무려 537일을 떠돌게 된다. 그들은 탐험선 인듀어런스 호가 좌초하고 엘리펀드 섬에 고립되었으며, 사우스 조지아의 거대 빙벽 앞에 서는 등 수많은 난관을 직면했다. 그처럼 수많은 생사기로의 상황에서 섀클턴의 탐험대원 27명은 어떻게 전원이 무사히 귀환하게 되었을까?

그것은 리더인 섀클턴이 자신보다 더 팀원을 사랑하고 함께 살아 돌아가기를 간절히 원했기 때문이다. 빙벽 사이로 배가 좌초해 절망하던 대원들에게 모두 무사 귀환할 수 있다는 비전을 제시했고 자신도 손가락에 동상을 입었음에도 장갑을 벗어 대원에게 주

좌초한 섀클턴의 탐험선 인듀어런스 호

는 등 솔선수범했다. 비록 그가 남극 횡단에는 성공하지 못했지만 미국에서는 섀클턴 박물관이 개관했으며, 지난 1천여 년 동안의 가장 위대한 탐험가의 목록에 올랐다.

또 다른 남극 탐험가 스콧(Robert Scott, 1868~1912)은 아문센과 남극점 도달 경쟁으로 유명하다. 스콧이 남극 탐험을 위해 준비하던 중에 아문센이 먼저 남극으로 가고 있다는 소식을 들었다. 해군 장교 출신인 스콧은 아문센과 경쟁할 목적이 아니라 학술적 연구 차원이라면서 사전 답사 없이 남극으로 출발했다. 썰매도 숙달된 개가 아니라 모터 엔진과 망아지 등이 끌게 했다. 아문센은 처음에는 북극으로 가고자 했다. 그러나 피어리(Robert Edwin Peary, 1856~1920)가 북극을 먼저 정복했다는 소식을 듣고 뱃머리를 돌려 남극으로 방향을 바꾼 것이다.

스콧보다 먼저 시작된 아문센 탐험대는 사전준비가 철저했다. 에스키모들의 노하우를 배웠고, 전문 스키어 중심으로 탐험대를 구성했다. 남극점에 이르는 머나먼 길에 곳곳마다 베이스캠프를 세워 보급품을 비축해 탐험대의 짐을 최소화했다. 출발할 때도 날씨가 좋아서 아문센은 스콧보다 먼저 남극점에 도달한다.

아문센보다 35일 뒤늦게 도착한 스콧은 출발 때부터 악천후 때문에 심각한 역경을 만나야 했다. 썰매를 끌던 망아지와 개가 전부 얼어 죽어 대원들이 90kg이 넘는 짐을 진 채 썰매까지 끌고 가야 했다. 스콧은 천신만고 끝에 1911년 12월 14일 남극점에 도달했다. 그리고 돌아오는 길에 조난을 당해 5명의 대원과 함께 죽었다. 그가 남긴 편지에는 아내와 3살 된 아들 피터에 대한 그리움이 가득했고 조국애로 마지막 문장을 맺고 있다.

"여보, 나는 지금 곤궁에 빠졌어. 도무지 헤쳐 나가지 못할 것 같아. 내게 당신이 얼마나 소중한 사람이었는지……. 피터가 자연에 관심을 갖도록 해줘. 신이시여, 우리 국민을 보호하소서."

영국인들은 비록 준비가 부족한 리더였으나 죽음 앞에서까지 투철한 공정성을 지닌 스콧을 국민적 영웅으로 추앙했고, 아문센보다 더 위대한 탐험가로 기렸다.

Chapter
10

Winning
Leadership

대안이 있는가

─ 솔루션 리더십

리더는 어디론가 가야만 하는 사람이다. 어디에서 왔고 어디로 가야 하는지 설명할 수 있어야 한다. 그 설명을 듣고 흔쾌히 같이 가는 사람이 있다면 행복한 리더이다. 리더가 미래를 말하지 않으면 과거를 말하게 된다. 미래를 향할 용기가 없는 사람이 과거와 싸운다. 미지의 세계에 대해 용기를 가진 리더에게 미래라는 문이 열려 있다.

리더가 리더로서 최고의 자부심을 갖는 때가 언제일까? 고진감래(苦盡甘來)할 때이다. 탐험가들이 고생하며 오지를 찾고, 험한 풍파를 찾아나서는 이유도 거친 환경을 극복한 뒤에 주어지는 즐거움 때문이다. 리더의 열정은 조직의 과제가 풀렸을 때 값어치가 있다.

중국 양나라의 무제 시절에 장승요(張僧繇)가 절의 벽에 용 그림을 그리며 눈알을 그려 넣지 않았다. 용을 얼마나 실감나게 그렸던지 보러온 사람들은 저마다 감탄했다. 장승요가 용의 눈에 눈알을 그려 넣자 용이 절의 벽을 부수고 하늘로 승천했다(畵龍點睛).

리더의 역량과 노고의 화룡점정이 바로 솔루션이다. 솔루션이 없는 조직은 난파한 배와 같다. 문제 해결 능력이 강한 리더는 조직과 조직원들의 목표 사이에 생긴 간격을 명쾌하게 연결해준다. 조직이 조직의 목표 달성을 위해 직원을 고용하지만 직원 입장에서는 개별 욕구나 목표달성을 위한 수단으로 조직에 들어왔고 활동한다. 리더는 이 두 가지 입장을 충분히 고려해야 한다.

직원은 조직의 목표를 달성하기 위해 공헌해야 함과 동시에 개인의 욕구 충족을 간절히 바라고 있다. 개인의 욕구와 조직의 목적 사이에 골이 지나치게 깊어지면 그때부터 조직원들의 이탈이 시작된다. 이를 막기 위해 리더가 할 일은 두 가지이다.

먼저 직원과 조직 간의 영향 과정(influence process)을 잘 살피고 그다음, 조직의 지속적인 목표 달성과 개인의 성취를 접목시키기 위한 프로세스를 개선해야 한다. 그것이 솔루션 리더십이다. 솔루션 리더십은 개인과 조직의 목적 사이의 갈등을 해소해준다. 조직은 공동체이고 조직원들은 서로가 개인적 단위로 삶을 영위하는 경쟁적 관계인 경우가 많다.

조직의 리더에게 가장 큰 어려움은 이런 조직과 조직원들의 목표가 근본적으로 불일치한 경향을 띨 수밖에 없는 조직 환경이다. 리더는 조직과 개인의 상호 성장을 실현시켜가는 주역이다. 조직에 대한 공헌 활동이 조직 자체의 목적 달성뿐 아니라 공헌한 사람의 미래에도 어떤 영향을 주는지를 밝혀줄 필요가 있다. 리더의 솔루션은 어떻게 조직과 개인의 가능성을 동시에 확장(expand possibility)하느냐, 바로 거기에 있다.

회전문 증후군을 벗어나라

세상을 한때 성공적으로 이끈 지도자들은 모두 자신들만의 핵심 역량이 있었다. 나폴레옹은 상황에 맞는 새로운 전술전략의 귀재였고, 잭 웰치는 학습하는 조직을 만들어 시대적인 변화에 탁월하게 적용하게 만들었고, 샘 월턴은 고객 제일의 원칙에 맞는 아이디어를 늘 개발해냈다.

지금도 중국인들에게 최고의 존경을 받는 만주족 출신 황제인 강희제(康熙帝, 재위 1654~1722)는 늘 두 가지를 강조했다. 한족 관료들과 만주족들이 한자리에 앉아 스스럼없이 식사를 하는 만한정석(滿漢全席)과 백성을 존경하는 마음으로 최선을 다한다는 국궁진력(國弓盡力)이었다. 나폴레옹과 강희제는 각자 핵심 역량이 달랐지만 공통점은 탁월한 용인술이었다. 그들은 자신의 핵심 역량을 구현하는 데 도움이 될 용인술을 발휘했다. 리더의 핵심 역량이 강화되거나 소진되는 데 가장 핵심적인 역할을 하는 이들이 바로 리더가 선택한 사람들이다. 이를 아는 리더라면 자기의 핵심 역량을 배가시키는 데 도움이 될 측근을 고른다. 리더의 평가는 그의 자질과 함께 그가 선택한 사람들에 의해 결정되기 때문이다.

리더의 화려한 만 마디의 말보다 한 사람의 현인을 선택하는 것이 조직에 더 왕성한 활력을 가져다준다. 사람을 리드한다는 것은 흥미진진하면서도 어려운 일이다. 리더가 신나는 이유는 사람 관리에 따른 그림이 조직이라는 캔버스 위에 그려지기 때문이고, 리더가 어려운 까닭은 결과에 따른 책임을 져야 하기 때문이다. 조직의 방향은 조직 전체의 성향을 무시할 수 없다.

그럼에도 방향 선택에 대한 책임을 리더가 져야 한다. 리더가 좋은 목적을 추구한다고 해도 구성원들의 감정이 용인하지 않을 때는 간디와 마틴 루터 킹, 링컨처럼 큰 위험에 처할 수도 있다.

그래서 리더의 자리는 외롭다.

리더의 가장 큰 책무가 참신한 인재 등용이다. 그런데도 리더들이 구태의연한 인사를 하는 이유가 있다. 보통 자신의 의사 결정 과정을 단축시키기 위해서도 자신과 코드가 맞는 사람을 중용하려 한다. 일사불란한 명령 체계와 권위적 집단주의를 유지하고자 한다. 권위주의적 상명하복 문화에 적응하지 못하는 인물은 아무리 능력이 뛰어나도 발탁하기를 꺼려 한다. 그래서 나온 말이 '회전문 증후군(revolving syndrome)'이다. 근래에 들어 회전문 인사의 최고봉은 이명박 정권으로, 고소영(고려대, 소망교회, 영남내각), 강부자(강남, 부동산, 부자내각)라 불리었다. 그 뒤를 이은 박근혜 정권도 회전문 인사를 지속하다가 보수정권 사상 최대의 파국을 맞았다.

회전문 인사를 하는 리더들도 참신한 인재를 택한다고 말은 한다. 그러면서도 매번 비슷한 사람들이 자리만 바꿔 앉는다. 공과 사, 구분을 못하는 리더들이 자기 이해를 반영해줄 사람으로 자리를 채운다. 미국 대법원의 한 판례는 회전문 인사가 얼마나 위험한지를 보여준다.

"개인의 이해관계가 걸리면 아무리 도덕적인 사람도 공정한 판단을 훼손할 수 있다."

따라서 누구도 본인의 사건에 대해서는 판결할 수 없는 것이다(No one may judge his own case). 물론 리더와 절친한 사람들이라고 해서 모두 리더의 앵무새가 되지는 않는다. 그들은 리더에게 남들이 하지 못하는 고언(苦言)을 하는 가드레일 역할을 할 수는 있다.

조선의 개혁 군주 정조(正祖, 재위 1777~1800)가 그렇게 했다. 어려서부터 노론 벽파의 위협 속에 자랐고, 아버지 사도세자의 죽음을 직접 목격했으며, 왕이 된 뒤에도 끊임없이 살해의 위협에 시달려야 했다. 세손 시절 조정 실권자들인 홍인한(洪麟漢), 정후겸(鄭厚謙) 등이 노쇠한 영조에게 "세손은 누가 노론이고 소론인지, 누가 병조판서나 이조판서에 좋은지, 조정의 일이 어찌 돌아가는지 알 필요가 없다."는 삼불가지론(三不可知論)을 폈다.

세손이 이처럼 노골적으로 권력에서 배제당할 때 정조를 도왔던 사람들을 중심으로 동덕회(同德會)가 결성되었다. 외로웠던 정조는 동덕회에 애착을 가졌고 동덕회는 정조가 사망할 때까지 20년 이상 유지된다. 그런데도 동덕회가 개혁 정치에 도움이 된 이유는 무엇일까? 일단 동덕회가 노론과 소론 등 전혀 다른 당파로 구성된 데다가, 정조가 별도로 각기 다른 의견을 청취했기 때문이다. 특히 나폴레옹도 정식 보고 체계 외에 젊은 장교들로 구성된 '망원경 팀(Directed Telescope)'이라는 비선 조직을 두었다. 그리하여 정식 라인에서 간과하거나 누락 또는 왜곡될 수 있는 부분을 보완했다.

정조와 나폴레옹은 비선 조직을 성공적으로 운영한 사례지만 실패한 경우가 더 많다. 가까이 박근혜의 몰락도 그렇고, 멀리 명나라도 환관정치의 폐해로 멸망했다. 비선 조직의 운영 목적은 리더의 편향성을 방지하는 데 있다. 그럼에도 불구하고, 리더가 확증 편향에 빠져 있다면 비선 조직은 그야말로 독이 되고 만다. 그렇지 않아도 리더와 비선 조직은 친분관계를 유지하면서 어쩔 수 없이 유사 관점을 지니게 되어, 통찰력에 장애가 될 수 있다.

미국 워싱턴 정가에서는 대통령 후보 시절 정치적 기반이 되었던 사람들이 일종의 사단을 형성한다. 카터의 애틀랜타 사단, 레이건의 캘리포니아 사단, 그리고 부시의 텍사스 사단이 그것이다. 이중 가장 비난 받는 그룹이 텍사스 사단이다. 뉴욕대학교의 대통령학 학자인 폴 라이트(Paul C. Light) 교수는 '텍사스 사단'을 '메아리 동아리'라 혹평했다. 텍사스 사단이 부시 대통령이 좋아하는 말만 골라서 했다는 것이다.

텍사스 사단 이외에 혹평을 받는 그룹이 미국 최악의 대통령으로 평가받는 오하이오 주 출신의 워런 하딩(Warren G. Harding, 1865~1923, 미국 29대 대통령)의 동향 출신 그룹이었다. 이들과 하딩은 매주 만나 포커를 치며 공직을 팔았다. 이 때문에 그들은 '오하이오의 갱'이라 불렸다.

하딩 대통령은 전혀 자격이 없는데도 자신의 친구거나 또는 후원자라는 이유로 공직에 임명했다. 인선에 원칙이 없고 자의적인 경우, 부정이 개입되기 마련이다. 하딩도 예외가 아니었다. 민주당 상원의원 토머스 월시(Thomas J Walsh, 1859~1933)가 하딩 행정부의 뇌물수수 증거를 수집하기 시작했다. 그런 가운데 하딩은 대륙횡단여행 도중 샌프란시스코 열차에서 쓰러져 사망했다. 하딩이 죽기 전 친구인 컬럼비아대학교 총장 니컬러스 버틀러(Nicholas M Butler, 1862~1947)에게 편지를 보내 자기 심정을 토로했다

"나는 대통령직이 맞지 않는 사람이었네. 이 직책이 나와 조직을 모두 힘겹게 하네."

하딩이 대통령인 된 것은 능력이나 가치관 때문이 아니었다. 공화당 계파 수장들이 사람 좋고 꽃미남인 하딩이 다루기 쉬워 후보로 낙점했다. 당시에는 정권 교체 욕구가 강해 누가 공화당 후보로 나오든 무조건 당선되는 분위기였다. 훤칠한 키에 사교적인 하딩은 정적도 없었다. 전임 민주당의 윌슨 대통령은 집권 말기에 의회와 대립하면서 베르사유 평화조약, 국제연합 가입에도 실패했다.

워런 하딩(Warren G. Harding)

공화당 대선 후보인 하딩은 자국 우선주의, 고립주의 정책을 표방하며 대선 슬로건으로 '다시 정상으로(Return to the normalcy)'를 내세웠다. 예상대로 그는 가볍게 대통령에 당선되었는데 그의 재임 기간 중, 미국이 기본으로 돌아가기는커녕 대낮에 총격전이 벌어지고 마피아들만 엄청나게 부를 축적했다. 백악관에서도 담배 연기 자욱한 가운데 오하이오 사단의 포커판이 벌어졌고.

사람 좋은 것과 외모와 리더십과는 별개이다. 하딩이 대통령만 지내지 않았더라면 행복하게 살았을 것이다. 능력도 안 되는데 외모가 멋지고 정적이 없다는 이유로 리더가 되면 본인과 조직이 모두 불행해진다.

구체적인 솔루션을 내놓아라

많은 리더들이 조직원들의 사기를 진작시키려고 "어떻게 하면 일을 더 잘하게 할 수 있을까?"하고 방법을 모색한다. 때론 승진과 보상을 제안하고, 작업 환경을 개선하기도 한다. 작은 조직일수록 그런 방법이 어느 정도는 효과가 있지만 시간이 흐를수록 다른 방법을 찾아야 한다. 덩샤오핑은 1979년 미국을 방문하고 귀국한 뒤, 흑묘백묘론을 주장했다. 이후 흑묘백묘론은 1980년대 중국식 사회주의의 이론이 되었다. 흑묘백묘론은 당시 중국이 직면한 딜레마의 유일한 해결책이었다.

정치적으로는 사회주의 체제(검은 고양이)를 유지하면서 경제적으로는 시장원리(흰 고양이)를 도입하는 것이었다. 그는 '사회주의가 밥 먹여주느냐'는 반발이 고조될 즈음에 실사구시적 대안을 내놓았다. 평범한 리더들은 막연한 기대감을 불어넣어 조직원들의 의욕 향상을 유발하려는 유혹을 받는다. 그러나 이 시대는 리더들이 구체적 대안을 내놓고 앞장서서 움직여주기를 원한다.

리더는 카이사르처럼 앞장서서 루비콘 강을 건너야 한다. 카이사르는 로마의 위기를 타개하기 위해서는 전면적 체제의 개혁이 필요하다고 생각했다. 그래서 승리보다는 패배의 확률이 높은 내전을 벌이려 루비콘 강을 건넜다. 이후 3년 넘는 내전을 치른 후 집권한다. 그는 공화정에서 제정으로 나아가는 기틀을 만들었고, 태양력을 만들어 보급했으며, 오늘날에도 라틴 문학의 정수라 일컫는 《갈리아 전기》를 썼다.

사람들은 리더들의 추상적 언명에 싫증을 낸다. 공허한 약속, 빛 좋은 개살구처럼 모양만 그럴듯한 말에 더 이상 귀를 기울이지 않는다. 세계 최고의 마케팅 전문가인 잭 트라우트가 한국의 국가 브랜드에 대해 한마디했다. 한국의 관광 브랜드였던 '다이내믹 코리아'와 새로 결정한 '스파클링'이 모호하다는 것이다. 그는 "일본이나 중국도 다 다이내믹한데 어떻게 차별화가 되느냐, 스파클링은 다이내믹보다 더 모호하다. 한국의 브랜드는 명쾌한 포지셔닝이 없어 가슴에 와 닿지 않는 것이 문제"라고 지적했다.

프랑스는 와인과 향수, 이탈리아는 디자인과 의류, 스위스는 시계와 은행 등이 바로 연결된다. 그러나 한국의 국가 이미지는 두루뭉술하다. 리더들도 구체적 솔루션으로 자신을 단순명쾌하게 포지셔닝해야 한다. 뛰어난 리더는 자신이 가장 잘할 수 있고, 또 조직이 절실하게 필요로 하는 솔루션으로 자신의 브랜드를 삼는다. 어떤 문제도 추상적인 대책으로는 풀리지 않는다.

모든 문제는 구체적으로 대응하면서부터 풀린다. 1871년 독일 제국의 총리였던 비스마르크(Otto von Bismarck, 1815~1898)에 관한 일화이다.

비스마르크(Otto von Bismarck)

　사냥을 좋아하는 비스마르크는 친구와 사냥을 즐기다가 친구
가 갑자기 늪에 빠진 것을 보게 되었다. 친구가 점점 늪의 가운데
로 빠져 들어가자 그가 들고 있던 총대를 건넸으나 거리가 멀어
닿지 않았다.
　"이봐, 날 좀 살려주게."
　늪 속으로 발과 무릎, 점차 허리 부근까지 미끄러져 들어가던
친구가 애원했다. 비스마르크는 갑자기 친구의 머리에 총을 겨냥
하며 말했다.
　"자네를 구하자고 나까지 늪에 빠져 죽을 수는 없지. 그렇다고
친구가 늪에 빠져 죽어가는 모습을 지켜보는 것도 괴로워. 자네를
미리 죽이는 방법만이 나나 자네가 함께 편해지는 길이지."
　그 말을 들은 친구는 얼굴이 하얗게 질려 총구를 피하려 사력
을 다해 늪가로 움직여갔다. 그렇게 노력한 결과, 친구는 늪 가장
자리 가까이로 오게 되었다. 비스마르크는 친구가 총대를 잡을 수
있는 거리까지 다가다자 총을 내밀어 건져주었다.
　"오해하지 말게. 방금 내가 총을 겨눈 곳은 자네 머리가 아니라

자네 삶의 의지였다네."

거창한 구호를 좋아하는 리더는 기억해야 한다. 그런 리더를 사람들은 대안 제시 없이 문제만 제기하는 리더로 인식하게 된다. 대중의 열광을 받는 리더는 정확하게 문제점을 파악하도록 문제의 해결방안을 제시하며 앞장서서 나간다. 남아프리카에서 인도로 건너가 '사티아그라하'운동을 전개하던 간디는 영국에서 독립하기 위한 솔루션을 내놓았다.

"우리가 독립하기 위해서는 영국에서 수입한 옷을 입지 말아야 한다."

간디는 자신부터 즉각 시간 나는 대로 물레로 실을 뽑아 옷을 만들어 입었다. 이때부터 간디의 물레는 인도의 비폭력 저항운동의 상징이 되었다. 그는 하루에 30분 이상은 꼭 물레를 돌렸다.

"물레를 돌릴 때 내 마음은 한없이 고요해진다."

간디는 가는 곳마다 물레를 가지고 다녔다. 영국 의사당에도, 감옥에도, 여행할 때에도 물레를 꼭 가지고 가서 실을 뽑아 옷감을 만들었다. 영국 정부는 처음엔 대수롭지 않게 여겼다. 그러다 인도 사람들이 영국산 의류를 사지 않자 경제적으로 크나큰 타격을 입었고, 반대로 인도인들은 더욱 용기를 내게 되었다.

진실한 조언자 그룹을 두어라

리더의 성공은 개인의 능력도 중요하지만 그 리더를 뒷받침해주는 측근이 중요하다. 그들은 리더를 끝까지 신뢰하고 리더와 나란히 서서 같은 비전을 바라본다. 세계화의 시초인 몽골제국이 가능했던 것도 칭기즈 칸이라는 탁월한 지도자와, 그를 뒷받침해주던 유능한 2인자들이 몽골제국 곳곳에 포진하고 있었기 때문이다.

중국 천하를 통일한 마오쩌둥 역시 저우언라이라는 진실한 조언자가 있었다. 한국 초대 대통령 이승만의 주변에는 정략적 모리배(謀利輩)들이 들끓었다. 1952년 간접선거로는 이승만이 대통령에 당선될 가망이 없자, 피난지인 부산에서 정치 파동을 일으킨다. 그 뒤 1954년에는 다시 사사오입으로 개헌안을 조작한다. 이 모든 모략의 과정에 이승만을 부추겨 독재 권력의 단맛을 보려는 사람들이 몰려 있었다. 그들은 일제 강점기 아래에서 고위 관료로 변절한 화려한 경력을 가진 자들이었다. 이승만 정권은 독재로 치닫다가 1960년 4·19혁명을 맞아 비참하게 끝난다.

리더는 듣기 좋은 이야기, 즉 귀에 솔깃한 이야기가 아니라, 조직에 이로운 이야기를 선별할 줄 알아야 주위에 충직하고 진실한 사람들이 포진한다. 양약이 입에는 쓰나 병에 좋듯이, 진실한 조언자의 말은 당장 귀에는 거슬리나 결국 리더에게 큰 득이 된다.

솔로몬의 아들 르호보암은 솔로몬이 중용했던 진실한 조언자들을 다 내쫓았다. 그 자리를 자기와 어울려 다니던 친구들로 채웠는데 얼마 안 되어 나라는 둘로 분열되고 말았다. 리더가 현명할 때 현명한 조언자 그룹을 둘 수 있다. 솔로몬의 재위 기간 중, 두 여인이 갓난아이를 하나 안고 솔로몬을 찾아왔다. 두 여인은 왕 앞에서 그 아이가 서로 자기 아이라고 싸웠다. 왕이 싸움을 중지시키고 차례로 사연을 이야기하라고 했다. 그러자, 한 여인이 먼저 말했다.

"우리 둘은 한 집에서 삽니다. 제가 먼저 아기를 낳았고, 저 여자는 3일 뒤에 아기를 낳았습니다. 어느 날 밤, 제가 자는 사이에 저 여자는 죽은 자기 아기와 제 아기를 바꿔갔습니다."

"아닙니다. 살아 있는 아기가 제 아기입니다."

솔로몬은 둘의 다툼을 한참 지켜보다 신하에게 명령했다.

"칼을 가져오라."

"이 아기를 두 여자가 자기 아기라 하니 공평하게 아기를 둘로 쪼개어 나누어주어라."

명령이 끝나자마자 한 여인이 태연하게 말했다.

"옳습니다. 차라리 반씩 갈라서 나눠주세요."

그러자 다른 여인이 갑자기 울면서 소리쳤다.

"왕이시여, 그리는 안 됩니다. 아이를 가르지 말고 차라리 저 여인에게 주세요."

그 여인의 절규를 들은 솔로몬은 판결을 내렸다.

"아기에게 칼을 대지 마라. 친어머니는 울부짖는 저 여인이다. 아기를 그녀에게 주어라."

남의 아기를 죽은 자신의 아기와 바꿔치기 하려 한 여인은 아기를 소유의 수단으로 보았다. 그러나 어머니는 아기의 존재 자체가 목적이었다. 리더에게 유익한 말을 해줄 수 있는 조언자 그룹의 생성은 리더가 어떤 식으로 리더십을 행사하느냐에 달려 있다. 솔로몬은 목적과 수단의 혼동에 빠지지 않은 통치자였기에 현명한 판결도 내릴 수 있었고 현명한 조언자들을 신하로 둘 수 있었다.

리더 주변에는 리더를 앞세워 권력을 누리려는 사람들이 늘 서성댄다. 리더는 줄 것이 많다. 리더의 철학과 목표에 공감해 리더 주변에 오는 사람보다 리더의 양손에 들려 있는 꿀단지에 관심을 갖고 다가오는 사람이 더 많다. 리더가 이들에게 포획되면 리더 스스로 권력에 취하게 되고 간신들에게 취해 끝내 조직을 망가뜨린다.

리더의 몰락은 현명한 조언을 들려줄 사람 대신 자존심을 세워주는 사람을 측근으로 두면서부터 시작된다. 리더에게는 교언영색하는 동지보다 심지가 곧고 믿을 만한 적이 훨씬 더 유익하다. 그래서 현명한 리더는 조직 내에 다양성을 장려한다. 측근들에게 솔직한 의견을 부탁한다. 진실한 조언자는 리더의 목표나 가치관에 관심을 가지지만, 간사한 측근은 리더의 기분이나 취향을 읽는 데 빠르다.

《삼국지》의 원소(袁紹, 154~202)와 조조를 보면 조언자 그룹이 리더의 성공에 얼마나 큰 영향을 끼치는지 알 수 있다. 원소는 명문가 출신으로 주변에 모략가가 많았다. 원소는 바른말을 하는 사람을 죽이고 자기와 다른 의견 내는 사람을 멀리했다. 비천한 출신이었던 조조는 주변의 권고에 귀를 잘 기울여 옥석을 구별했다.

원소는 조조보다 훨씬 넓은 영토와 병사를 가지고도 조조에게 천하를 내주었다.

리더가 아부성 발언과 진실한 조언을 구분하는 방법

1. 객관적으로 상황을 본다.
문제 상황에서 한 발자국 물러나서 관찰하며 갈등을 객관화시킨다.

2. 모든 관례를 다르게 접근해본다.
비슷한 판단들에 대해 '왜 그래야 되나?'라는 의문을 가져본다.

3. 세상을 총체적으로 보아라.
부분에 집착하지 말고 부분을 종합하는 능력을 기르고 전체의 기저에 깔려 있는 원리에 초점을 맞추라.

4. 자신과 역할을 구분한다.
공적 직함과 사적 영역을 분간한다. 공익(公益)과 사익(私益)의 이해 충돌(conflict of interest)을 피한다.

5. 목적의식을 확인하라.
어떤 이슈에 어떻게 반응할지 여부를 본래 목적을 상기하며 결정한다.

6. 마음을 털어놓을 파트너를 곁에 둔다.
발렌티우스처럼 바른 소리를 하는 조언자를 두라. 부시는 최초의 MBA 출신 대통령이었으나 유능한 조언자 집단을 관리하는 데 실패했다. 리더는 귀에 좋은 이야기만 골라 듣는 황제의 함정에 빠져서는 안 된다.

유방이 천하를 통일해 한 고조(高祖)로 즉위할 수 있었던 것도 장량(張良), 한신, 소하라는 3인방의 보좌를 받을 수 있었기 때문이다. 그의 경쟁자인 항우도 범증(范增)의 책략으로 한때 위세를 떨쳤으나 진평(陳平)의 이간질에 속아 범증을 잃고 끝내 유방에게 패했다. 결국 리더 주변이 진실한 조언자로 채워지느냐 간신들로 구성되느냐는 리더 자신에게 달려 있다.

현대사회에서 객관성이란 절대 진리가 아니라 상호주관성(inter-subjectivity)이다. 각기 다른 인식 주체들의 공감대가 객관성이다. 조선시대는 왕명이 객관적 파워를 행사하던 시기였다. 그럼에도 세종은 조선의 모든 인식 주체들과의 공감대를 추구했다. 조세부담을 낮출 새로운 세금제도를 도입하기에 앞서 육조는 물론 빈민에 이르기까지 백성의 의견을 물었다. 이것이 600년 전 실시된 최초의 여론조사였다.

세종 어진(여주 영릉 세종대왕기념관 소장)

그런 세종이었기에 진실한 조언을 할 측근들을 중시했고, 또한 그들이 진실을 말하도록 분위기를 조성했다. 정책 토론 때 진지하게 질문했고, 논쟁 수준으로 분위기를 오픈시켰다. 지위고하를 막론하고 벌이는 열린 토론에서 진심어린 의견을 나눌 수 있다.

이스라엘의 3대왕인 솔로몬을 살펴보자. 솔로몬 치세 하에 어느 때보다 부강한 국력을 자랑했다. 지혜의 왕답게 솔로몬은 바르게 조언할 측근들을 두었다. 리더가 지혜로우면 간사한 사람이 가까이 오지 못한다. 총명함을 잃을 때 아부의 기술에 능한 사람을 가까이 두게 된다.

대답할 권리를 주는 리더십

우물쭈물하는 리더보다 무엇이든 끊임없이 시도하는 리더가 낫다. 아무것도 안하는 리더의 조직은 실패하게 마련이다. 그래서 실정(失政)보다 더 나쁜 것이 실기(失機)이다. 세월은 리더를 기다려주지 않는다.

로마신화에 나오는 기회의 신은 뒷머리가 없다. 앞에 다가오는 기회를 붙잡지 않으면 지나간 기회를 붙들 수 없다. 리더는 결단을 내리는 사람이다. 결단을 내릴 줄 모르는 사람은 결코 지도자가 되어서는 안 된다. 그런 사람이 리더가 되면 본인은 물론 조직까지 곤궁에 빠뜨린다. 결단력 있는 리더는 우유부단하지 않고, 조직원들이 그 결단에 충분히 호응할 수 있도록 한다. 여기에 세 가지 가이드라인이 있다.

첫째, 대중을 무시하고 무조건 '나를 따르라'는 독불장군식 결단은 회피한다.

닉슨은 은둔 사색형 리더십을 추구했다. 사교성이 부족하고 매우 내성적인 성격과 백과사전적인 지식이 함께 어우러져 독단적 결정을 자주 내렸다. 주요 보고도 거의 서면(paperwork)으로 전달받았으며 친밀하게 교제하는 사람도 없었다. 물론 리더가 누구와 상의하지 않고 혼자서 시급하게 처리해야 할 일도 있다. 그러나 닉슨은 '내가 리더이니 내게 맡겨라.'는 식으로 일관했다.

베트남전쟁으로 청년들이 죽어가는 가운데 중국의 마오쩌둥, 소련의 브레즈네프와 공개적 데탕트 외교를 펼쳐 미국 국민들의 공산당에 대한 이미지에 혼란을 주어 국론을 분열시켰다. '나'와 '너희들'이라는 이분법적 사고가 불신을 낳고 또 다른 불신을 낳는다. 닉슨의 일방 독주형 리더십은 결국 워터게이트 사건으로 종말을 맞이했다. 공적인 리더의 비밀스런 행동은 사람들의 신뢰를 잃게 한다.

리더들이여! 잊지 말라. 조직의 힘은 사람이며, 그 사람들의 능력과 자발성(willingness)에서 성과가 나온다.

둘째, 구성원들이 자발적으로 바람직한 결단을 합의해 요청하도록 동기를 부여한다.

독단적인 리더들은 '리더십이란 정답을 주는 행위'라고 착각한다. 이런 리더들은 전설적인 성과를 독차지하려는 야심이 강하다. 조직의 이슈를 조직에게 돌려주지 않고 리더 혼자 안고 가는 행위는 스스로를 소외시키는 짓이다.

독단적인 리더는 '나 홀로 투사'와 같은 야성을 보이면서 타인의 열정을 냉소하는 경향이 있다. 이와는 달리 현명한 리더들의 능력은 효과적이고 타당한 의사결정을 이끌어내는 데 있다. 이들은 추종자들의 욕구와 희망을 자신이 바라는 방향으로 이끌어간다. 시대적 흐름에 따른 분명한 복안(腹案)을 가지고 있다. 단지 그 복안을 먼저 말하지 않고 조직원들이 자발적으로 소원하도록 만든다.

탁월한 협상가는 상대와 합의하기 전에 나름대로의 결론을 내려놓고 그 결론을 상대가 자신의 필요에 따라 요청하도록 만든다. 리더에게는 자신이 내린 판단과 추종자의 간절한 소망이 연결되는 것만큼 보람 있는 일도 없을 것이다. 결단에 관한 최고의 리더십은 독단적으로 조직원들의 결정권을 빼앗는 것이 아니라 그들에게 결정권이 있음을 느끼게 해주는 것이다. 그 조직원들도 리더에게 영향력을 행사할 수 있다는 자부심으로 조직에 더 충성하게 된다. 사람들은 하던 일도 멍석을 깔아주면 회피하는 심리가 있으나 자신들이 결정했다고 느끼는 사안에 대해서는 힘든 줄 모르고 최선을 다한다.

리더는 조직원의 호응을 유도함으로써 이끄는 것이다. 절대군주 리더십의 시대였던 지난 세기는 권위와 질서가 중요했다면, 사물인터넷 시대는 공감이 중요한 시대이다. 리더가 허점투성이여도 집단지성으로 충분히 극복할 수 있지만 엘리트주의에 빠진 리더는 설자리가 없다. 미래학자이며 《노동의 종말》, 《엔트로피》, 《소유의 종말》 등의 저자인 제러미 리프킨은 미래 세상을 "모든 상황이 연극무대 같다."라고 보았다. 그만큼 시대가 획일주의를 싫어한다. 미래 세상은 마치 거대 종교처럼 저 높은 강단에 리더가 홀로 수직적으로 내리꽂는 교시만 하던 시대가 아니다. 그 같은 문화를 디지털 유목민들은 견디지 못한다. 변혁의 시대의 리더에게 다양성, 수용 능력(Can Embrace Diversity)보다 더 중요한 능력이 있을까?

셋째, 어떤 형태의 결정이든지 최종 책임은 자신의 몫임을 안다.

사람들에게 가장 불신 받는 리더는 어느 쪽으로 결정을 내리든 곤란한 문제에 대해 자신의 책임을 모면하기 위해 추종자들에게 미루는 사람이다. 아무리 똑똑한 리더도 집단지성을 능가할 수 없다. 그래서 반드시 필요한 결단이 있을 때, 독불장군처럼 좌충우돌하지 말고, 구성원들이 자발적으로 결단을 요구할 만한 분위기를 조성하라는 것이다. 매우 드물고 전격적으로 리더가 어떤 일을 결단해야만 할 때도 있다. 그때조차도 구성원들이 당장 이해하지 못해도 차츰 수긍할 수 있도록 해야 한다.

리더는 자신이 리더로 있는 동안 주도적으로 내린 결정이 되었든, 떠밀려 내린 결정이 되었든 간에 그 결과에서 발생하는 모든 영광과 수치를 함께 받겠다는 각오가 되어 있어야 한다. 그래야 리더로서의 직무에 더욱 충실할 수 있다.

"결국 모든 책임은 내가 진다(The buck stops here)."

트루먼 대통령이 일본에 원자폭탄을 투하하기로 결정하면서 한 말이다. 리더가 자기 판단만을 강압적인 방식으로 강요할 때 조직은 경직된다. 언제나 성공하는 리더는 추종자들의 욕구와 희망을 읽고 리더 자신의 열정과 기대에 부응시켜 최종적으로 조직 전체의 열망과 조직의 과업이 일치하도록 만든다.

"내가 경험한 탁월한 리더들은 유달리 똑똑하거나 달변가들이 아니었다. 그렇다고 큰 키도 아니고 잘생기지도 못했다. 거의 보통 수준이었다. 그들은 언제나 배우려는 자세와, 설득력 있고 명료한 생각으로 깊이 헌신하는 자들이었다."

-피터 드러커

이기는 리더십**10**

지은이 | 이동연
발행처 | 도서출판 평단
발행인 | 최석두

신고번호 | 제2015-00132호
신고연월일 | 1988년 07월 06일

초판1쇄 발행 | 2017년 05월 25일
초판2쇄 발행 | 2018년 04월 09일

우편번호 | 10594
주소 | 경기도 고양시 덕양구 통일로 140(동산동 376)
　　　 삼송테크노밸리 A동 351호
전화번호 | (02) 325-8144(代)
팩스번호 | (02) 325-8143
이메일 | pyongdan@daum.net

ISBN | 978-89-7343-494-7 (03320)

값 · 15,000원

ⓒ 이동연, 2017, Printed in Korea

이 도서의 국립중앙도서관 출판예정도서목록(CIP)은
서지정보유통지원시스템 홈페이지(seoji.nl.go.kr)와
국가자료공동목록시스템(www.nl.go.kr/kolisnet)에서
이용하실 수 있습니다.

(CIP 제어번호 : CIP2017010509)

도서출판 평단은 수익금의 1%를 어려운 이웃 돕기에 사용하고 있습니다.